공권유술

"실전 격투기에 필요한

속임수 의 전략"

오성출판사

강준

험난한 길을 헤쳐 나가고 있는 공권유술은 어느덧 10년이라는 역사를 쓰고 있습니다.

초창기 저는 공권유술이라는 새로운 이름의 무술로 인하여 그리고 나의 무술철학에 대한 확고한 마인드로 인하여 체육관 경영에 많은 실패를 거듭하게 되었습니다.

누구도 어느 한 개인이 창시한 공권유술이라는 무술을 알아주는 사람이 없었던 것이었습니다.

첫 번째 체육관의 운영이 실패로 돌아가면서 연속으로 4번째 체육관까지 운영이 어렵게 되었습니다.

계속 된 도장경영의 실패로 인하여...

그토록 좋아하던 무술을 그만두어야 할 위기를 맞은 적이 여러번입니다. 하지만 지금은 많은 사람들이 공권유술을 알게 되었고 많은 매니아층들이 생겼습니다. 뿐만아니라 짧은 역사를 가진 활동시기에 비교하여 많은 숫자의 도장과 수련생이 공권유술을 수련하면서 전파되어가고 있습니다.

과거를 돌이켜보면 공권유술을 발전시켜나가는 것에 대해서 저 혼자의 힘만으로는 할 수 없었을 것이라는 것을 새삼느끼게 됩니다.

그것은 공권유술을 수련하는 모든 공권가족들과 함께 이룩해나가는 과정이기 때문입니다.

저는 다만 공권유술이 발전해나가는 수많은 사람들의 한명에 지나지 않습니다. 그러기 위해서는 그 무술을 대변할 수 있는 대표자가 필요한데 제가 그 일을 수행하는 것 뿐이라고 항상 생각하고 컨트롤합니다.

지금도 각 지역에서 활동하시는 관장님, 협회에서 잡일이나 사무 그리고 후학을 지도하는 사범님들... 이런 분들이 공권유술의 앞날을 밝게 합니다.

예전에는 공권유술을 홍보하기 위하여 도장의 사범과 저 둘이서만 시범을 보였습니다만 그래도 지금은 유능한 사범들이 많이 배출되고 있어 체계적이고 역동적인 시범을 보일수가 있습니다.

이러한 시범을 볼 때마다 가슴이 뭉클해집니다.

저의 실력보다 제자의 실력이 높아져갈 때 말로 형용할 수 없는 기쁨이 생겨납니다. 또 이러한 과정이 쌓여갈 때 공권유술은 더욱 발전할 것이라고 생각됩니다.

몇년전 젊은 무술인이 공권유술을 창시하였을 때 그리고 그것을 인정받기 전... 그런 와중에도 실력있는 무술인이 저의 무술철학을 이해해 주었고 동참해주었습니다.

그것 자체만으로도 제가 그들을 존경해야 할 조건이 충분하다고 생각합니다.

이러한 면에서 볼 때 공권유술이 이만큼 성장한 것에 대해서는 당연한 일이라고 생각합니다. 뿐만아니라 전국적으로 그리고 세계적으로 계속해서 전파해 나갈 것이라고 믿어 의심치 않습니다. 이것은 모두 "공권유술인은 하나다!!" 라는 주인의식에서 온다고 봅니다.

요사이 체력적으로 많이 힘든 경우가 있어 옛날과는 달리 제자들과 하드 트레이닝(Hard training)을 하는 횟수가 현저히 줄어들었습니다만...

최선을 다하여 공권유술의 기술이나 철학을 전수한다는 것에는 예나 지금이나 변함이 없습니다. 그리고 시간이 날 때마다 공권유술 용진형이나 무진형의 거친부분을 가다듬고 보충하며 결점을 보완하고 새로운 기술을 연구하는데 할애합니다. 그러한 시간 이후에는 어떻게 하면 국내 뿐아니라 세계적으로도 공권유술을 알리고 전파해 나갈 것인가를 끝없이 고민하고 연구하며 그것을 이루기 위하여 많은 이들과 접촉합니다.

이러한 작업이 정말 내가 해야 할 일이라고 생각합니다.

처음 열 몇 평의 좁은 지하에서 시작할 때와 비교한다면 분명 많은 발전이 이루어진 것 같습니다.

공권유술의 성공적인 발전과 결과보다 그 과정을 여러분들과 함께 동참하여 만들어 나간다는 것에 깊은 감동을 느낍니다.

언제나 수련에 정진하는 공권유술의 수련생 여러분과 각 지관의 사범님에게 감사함을 느낍니다.

또한 공권유술을 수련하지 않지만 관심을 가지고 성원해 주시는 여러분에게도 진심으로 감사하다는 말씀 전합니다.

〈주요이력사항〉
현) 사단법인 대한 공권유술협회 회장

〈대표저서〉
실전대련테크닉(오성출판사)
−한국 최초의 전문유술교본−
공권유술 바이블 타격기편(오성출판사)
싸움 잘하는 놈의 비밀노트(오성출판사) 등

〈대표 교육용 비디오〉
더 파이팅1~4편(무도미디어)
버츄어파이터 에볼루션 한정판
(고호캐릭터 실사촬영−YBM)
정통 공권유술 교범 1. 2편(대한공권유술협회) 등

전찬준 사범

공권유술지도자연수 1기생으로 공권유술의 원년 멤버 중 한사람이다.
현재 공권유술 4단이며 원주에서 공권유술 도장을 운영하고 있다.
합기도와 택견같은 한국의 무술에 능통하기도 한 그는 열렬한 공권유
술 애찬론자이다.
*전국 각지의 중요한 세미나와 큰 행사에 자주 참가하여 공권유술을
전파하고 있으며 2005년도 공권유술 블랙벨트 대회 마이너스 70kg
에서 우승한 경력을 가지고 있다.

채승협 교사

공권유술협회 수련관에서 사범직을 맡고 있으며 성인부의 지도에도
관여하고 있다. 오스트레일리아 순회세미나 등과 같이 외국에서 시행
되는 공권유술교육의 참가멤버로 시범 및 교육에 능통하다.
현재 공권유술 3단이며 유도와 합기도 유단자이기도 하다.
'정통공권유술 비디오교본'과 '싸움 잘하는 놈의 비밀노트'에 도우미
로 출연한 바 있다.
지금은 공권유술 패왕전의 최고 영애인 패왕위 타이틀을 획득하기 위
하여 맹 훈련 중이다.

머릿글

공권유술의 창시자 '강준' 사람들은 이렇게 말한다. 뭐...
틀린말은 아니다!
그러나... 몇몇의 사람들이 말하길...
어떻게 암바를 개발하셨습니까? 또는 발차기와 메치기는 매우 훌륭합니다. 대단히 좋은 기술을 창시하셨습니다!... 라고 말하는 사람들이 있다.
나는 공권을 창시한 것이 아니다. 그렇다고 유술을 창시한 것은 더더욱 아니다. 아주 오래전부터 암바는 존재했고 수 천년 훨씬 이전부터 발차기는 원래부터 있었던 것이다.
이것을 어떤 훈련법으로 어떻게 훈련하며 어느방향으로 포커스를 맞추어 어떠한 정신적 철학을 내포하고 있느냐에 따라 모든 무술은 유파와 종류가 달라진다.
내가 탄생시킨 기법들은 손과 발 그리고 메치기와 유술기를 결합시킨 강준류의 '공권유술'을 만들어 낸 것이다.
또 하나 사람들이 오해하는 것이 공권유술과 이종격투기의 차이점이다.
이종격투기[異種格鬪技]는 쉽게 말해 각기 다른 종류의 격투 무술을 하는 선수들끼리 대결을 벌이는 격투를 말한다. 그러니까 이종격투기는 무술이 아니라 이종격투를 하는 시합의 행위나 이벤트를 지칭하는 것이지 그 자체를 무술로써 보는 것이 아니라는 이야기다.
예를들면 태권도선수와 유도선수가 격투시합을 벌인다면 이 자체가 이종격투기가 된다. 즉 태권도와 유도는 이종격투기가 아니고 시합자체가 이종격투시합이 되는 셈이다.
사람들이 공권유술을 이종격투기라고 오해하게 되는데...
그렇게 생각하는데에는 공권유술은 맨손으로 하는 모든 종목의 무술 중 단연 으뜸으로 생각하는 이들이 많기 때문이다. 하지만 공권유술은 태권도, 합기도, 검도와 같이 단일종목의 정통무술이다.
공권유술은 무술로써의 실전성을 높이 생각하여 기술의 폭과 종류가 상당히 많다. 뿐만아니라 발차기, 수기, 관절기, 와술, 품새와 같은 다양한 기술들을 수련하고 즐길 수 있다. 이러한 것은 한국무술의 특징 중의 하나이다.
예를 들어 일본은 종합무술의 특징이 상당히 드물다. 그들은 유도, 아이키도, 가라데 등과 같이 한 분야에서만의 프로페셔날을 고수하는 전통적 성향이 강하다. 그러나 한국무술은 어떠한가? 단순히 합기도의 기술만 보더라도 단봉이나 포박술, 장봉 등과 같은 무기술과 호신술, 발차기, 낙법, 수기, 검술과 같은 막강한 종합기술을 자랑한다. 최근에는 한국을 대표하는 태권도조차 쌍절권, 기계체조, 음악품새 등과 같은 다양한 기술을 접목하여 종합무술로서의 변신이 이루어지고 있는 것이 사실이다.

필자가 외국인과 무술에 대한 여러 가지 토론을 한 결과 그들은 단일종목의 무술보다는 한국무술과 같은 여러 가지의 기술을 한 자리에서 수련할 수 있는 종합무술을 매우 선호한다는 것을 알았다.

그런면에서 볼 때 공권유술이야 말로 단일종목의 무술로써 최고의 종합무술이라고 말할 수 있을 것이다.

이것은 무기를 들지 않는 맨몸의 상태에서 할 수 있는 지구상에 존재하는 대부분의 맨손기술이 포함되어있다.

또한 공권유술은 매우 포괄적인 무술이므로 자신의 성격이나 신체적조건에 따라 특징이 있는 부분의 기술을 개발연구 훈련할 수 있는 장점이 있다.

만약 당신이 공권유술을 수련한다면 당신이 어떠한 무술을 하든지 자신의 무술을 더욱 발전시키고 스스로의 기술을 개발할 수 있는 원동력이 될 수 있을 것이다.

이제 공권유술은 한국사람이 개발하고 한국에서 시작되었으며 한국사람이 수련하는 한국의 정통무술로 자리매김하고 있다. 최근에는 급속히 빠르게 세계적으로 공권유술이 전파되어가고 있다. 외국인의 시각에서 객관적으로 바라보는 공권유술의 프로그램은 한마디로 매우 놀랍다는 평이다.

그들은 공권유술의 기술에 놀라고, 공권유술의 프로그램에 놀라며, 공권유술의 시스템에 또 한번 놀라게 된다.

약 10년정도의 짧은 역사에 이토록 공권유술이라는 완벽한 무술을 만들어 낸다는 사실에 그들은 경의를 표한다.

공권유술이라는 한국의 정통무술이 세계속의 무술로 완전히 자리매김하여 지구촌이 하나가 되는 날을 기대해 본다.

글쓴이 **강 준**

차 례

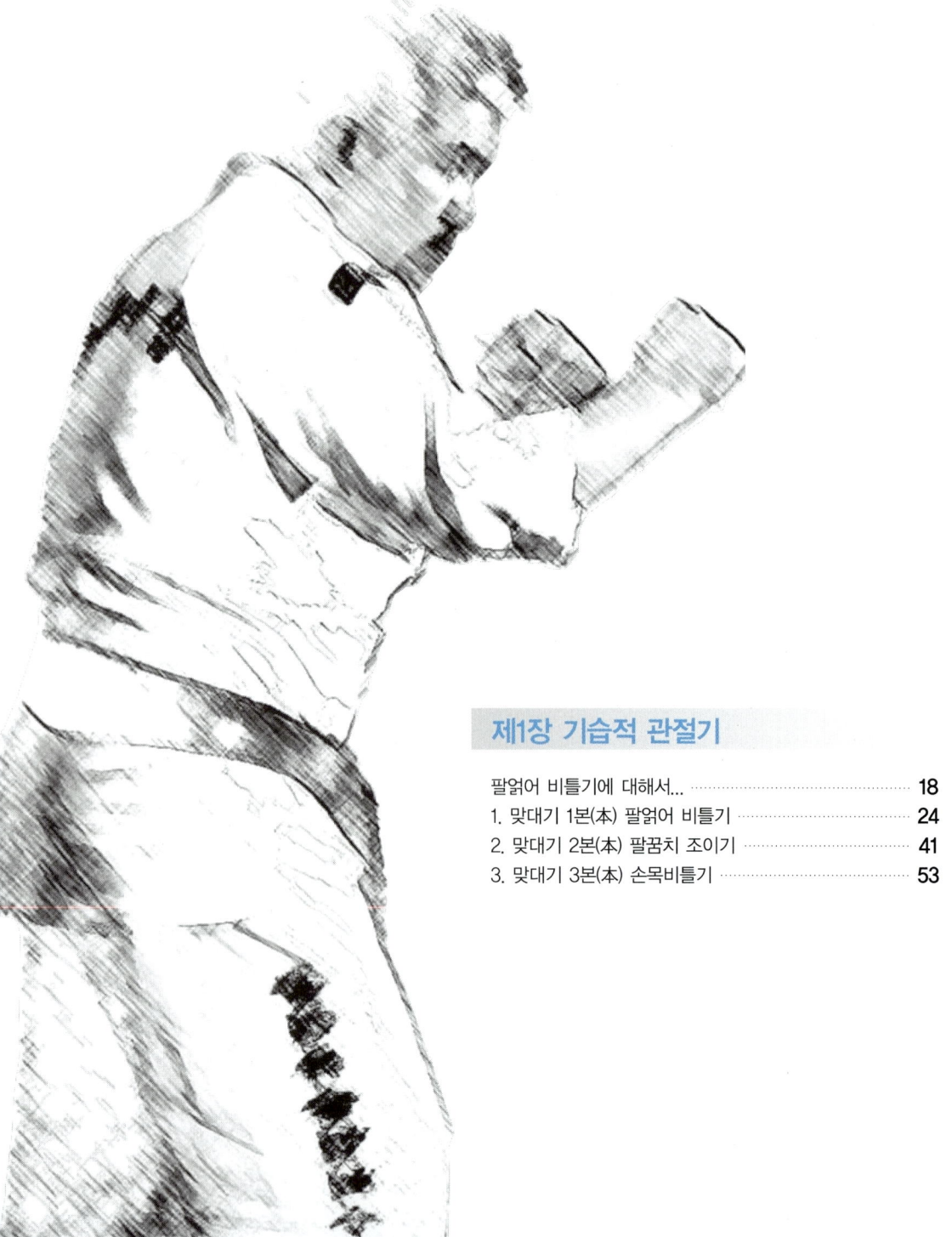

제1장 기습적 관절기

Part 1

제1장

기습적 관절기

제1장 기습적 관절기

필자는 몇 년사이에 여러 권의 책을 집필하게 되었다.

지금와서 돌이켜보면 차라리 출판하지 말 것을..이라고 후회하는 책도 있으며 이정도면 독자들이 재미있게 무술을 이해할 수 있을거야... 라고 생각드는 책도 있다.

어찌되었건, 공권유술의 교본을 집필하면서 가장 중점을 둔 것은 지구상에 존재하는 모든 무술을 하는 수련자들이 함께 볼 수 있도록 만들고자 노력하였으며, 뿐만 아니라 무술을 전혀 모르는 초보자도 공권유술의 교본을 보고 공권유술이라는 무도(武道)를 이해하기 쉽도록 설명하고자 했다.

지금의 책 또한 역시 그러한 마음으로 한 자 한 자 집필해 나갔다.

책 속에 나오는 대부분의 내용은 공권유술에서 수련하는 부분적인 내용으로 꾸며졌다. 그러니까 공권유술의 전체적인 내용이 아니라 공권유술에서 사용하는 기술 중의 일부를 엮어서 독자들이 재미있고 유익하게 기술을 직접 해볼 수 있도록 구성한 것이다. 하지만, 이것은 공권유술을 이해하는데 있어서 독자 여러분들로 하여금 오해의 소지가 있다. 결과적으로 숲 전체를 제공하지 못하고 단순히 나무의 일부분 만을 제공한 것이 되기 때문이다.

왜냐하면, 교본이란 가급적 초보 무술인을 대상으로 책을 편찬해내는 것이고 기본기술위주로 내용을 구성하게 되며 공권유술의 기술 중 극히 일부의 기술들만 수록할 수밖에 없기 때문이다.

지금부터 기술할 기습적 관절기 또한 공권유술에서 맞대기의 기술 중 '관절기' 일부만을 소개한 것이다. 필자의 바램같아서는 공권유술의 철학, 기본예절, 기본기술 등과 같은 전반적인 내용부터, 종합본, 대련의 본, 맞대기, 메치기, 와술기와 같은 다양하고 체계적이며 환상적인 기술들을 모두 수록하고 싶지만 지면의 문제와 독자들의 성향에 대한 문제 등 여러 가지의 이유로 제한적인 기술을 수록하는 것에 그치게 된다.

예를들어 만약 필자가 공권유술의 전반적인 기술을 다루기 위하여 공권유술의 인사법과 예절법 도장에서 지켜야할 것들 또는 발차기나 낙법과 같은 아주 기본동작들을 수록했을 때, 독자들은 그것이 아무리 이치에 맞고 원리적이라 하여도 책을 구입해주지 않게 된다. 즉! 재미가 없다는 말이다. 위의 내용들이 사실상 공권유술에서 매우 중요하고 꼭 필요한 내용이지만 책에 수록할 수 없는 이유 중 하나가 된다.

어쨌든, 기습적 관절기인 맞대기를 하기 위해서는 여러 가지 기본 동작이 필요하고 그것을 습득하여 쌍방간에 필요한 훈련방법이 있어야 하나 그것을 생략하고 오로지 기술의 방법만을 수록하는 것이 안타깝다. 하지만 독자여러분의 많은 이해를 바라며 비록 지면에서 글로써 이지만 독자여러분은 필자가 추구하는 의도가 무엇인지를 생각하며 글을 읽어주길 바란다.

필자 또한 독자여러분을 마치 나의 사랑스러운 제자에게 기술을 전수한다는 진심을 담은 마음가짐으로 강의를 시작하고자 한다.

일반적으로 입식 관절기를 이른바, 호신술이라고 말하는데 여기서 말하는 '호신(護身)'은 외부의 위험으로부터 자기의 몸을 지키는 일을 말하는 것이다.

즉, 호신술의 의미는 상대가 먼저 공격을 할 때까지 기다렸다가 그것을 방어하는 것으로 해석하는 것이 보편적이다.

필자가 이번에 소개할 기법을 호신술, 또는 방어술이라고 명명하지 않고 기습적 관절기라고 칭한 것에는 나름대로 이유가 있다.

사실상 "기습적 관절기"라는 말자체가 무술계에서는 사용되지 않는다. 왜냐하면, 대부분의 기술들이 상대가 먼저 공격하려 할 때 방어하는 호신술로 만들어져 있기 때문이다.

이러한 기존의 호신술과 같은 성향과는 달리 공권유술에서는 새로운 기법의 "적극적 호신기법"을 사용하고 있다. "적극적 호신기법" 또한 공권유술에서 만들어진 용어이다.

그러므로 독자여러분들 중 이러한 용어탄생에 대해서 의아해 할 필요가 없다.

기습적 관절기는 상대의 공격을 기다렸다가 반격하는 기존의 수동적 호신기법의 체계를 완전히 역행하는 새로운 기법의 호신술로써 신선한 충격을 주기에 충분하다.

우선 기습적 관절기의 원리를 이해하기 위하여 당신이 그동안 호신술이라는 이름 하에 아래와 같은 방법으로 기술을 연마해 왔을 것이다. 이것으로 일반호신술과 기습적관절기의 차이점을 알수있다.

일반적 호신기법 –칼넣기–

1

(평자세)어깨넓이 만큼 다리를 벌리고 서로 얼굴이 마주보게 선다.

상대에게 손목을 잡도록 유도하며 오른손을 내민다. 당신이 오른손을 내밀었기 때문에 상대는 왼손으로 손목을 잡아야 한다.

3 왼발을 살짝 앞으로 반보 이동시키며 왼
손으로 상대의 손등을 감싸잡는다.

손목을 감싸잡고 돌려 중관절이
펴지게 한다.   **4**

5

힘차게 밀면서 중관절을
제압하며 상대를 바닥에
엎드리도록 유도한다.

6 힘차게 밀면서 중관절을 제압하며 상대를 바닥에 엎드리도록 유도한다.

7 손바닥을 사용하여 계속해서 중관절을 압박하여 완전히 배를 깔고 엎드리도록 하게 만든다.

8 무릎을 눌러 제압하고 마무리 한다.

위의 그림은, 일반 무술인들이 수련하는 호신술 중 손목술기로 가장 많이 사용되는 대표적인 칼넣기의 기술이다.

그림2에서 방어자는 자신의 손목을 앞으로 내밀어 공격자에게 손목을 잡도록 유도한다. 이때 대부분 왼손으로 잡기를 하도록 프로그램 되어 있다. 공격자는 이내 손목을 잡고 상대의 중관절을 제압하는 기술을 구사한다.

입식관절기를 위주로 연습한다면 대부분의 위와 같은 방법으로 호신술을 연마할 수밖에 없게 된다. 여기서 필자가 언급하고 싶은 것은 기술의 부정확성이나 잘못된 이론을 언급하려는 것이 아니다.

기술적 체계는 매우 과학적이고 원리적이지만 일단 상대가 나의 손목을 잡아야만 기술을 구사할 수 있으며 그렇게 해야만 연습이 가능하다.

위의 그림은 우리가 보편적으로 가장 많이 사용하는 모든 술기의 대표적인 기술이기는 하지만 입식관절기의 고수가 기술을 구사하더라도 상대를 완전히 제압하는 시간을 계산해보면 많은 동작으로 많은 시간을 소비한다는 것을 알 수 있을 것이다. 뿐만아니라 실전상황에서의 성공률에서도 문제점으로 지적된다.

술기를 넣은 시간에 상대가 반격을 하거나 잡고 있던 손을 놓거나 하는 예기치 못한 상황이 일어나면 기술이 도중에 차단되는 현상이 일어나게 된다.

참으로 낭패가 아닐 수 없다.

무술시합에서 서서 꺾기를 구사하는 입식술기를 사용하여 경기를 치루는 시합은 매우 드물다. 관절기를 전문으로 수련하는 무술들도 기존의 태권도 경기의 룰에서 메치기만을 넣어서 포인트제로 승패를 결정하는것이 대부분이다.

1년 365일 매일같이 의복술, 손목술기와 같은 입식관절기를 연마했음에도 불구하고 대련이나 경기시합에서는 단 한번도 그것을 사용할 수 없다는 사실은 정말로 아이러니 한 일이 아닐수없다.

하지만 그 기술의 내용을 가만히 살펴보면 타격을 위주로 하는 시합에서는 입식관절기나 호신술을 사용하여 상대를 제압하기는 사실상 불가능한 요소가 많다.

첫째, 상대가 당신을 잡아주지 않고 오로지 발차기나 주먹공격만을 한다는 데에 이유가 있다. 생각해보라! 당신이 하고 있는 호신술을 처음 배울 때 누군가 당신의 손목이나 멱살을 잡아주었고 손목이나 중관절을 꺾는 기술을 배웠을 것이다. 이것에 길들여진 당신에게 상대가 당신이 원하는 방향으로 해주지 않으면 아무런 소용이 없게 된다.

예를 들면 권투선수의 잽이나 스트레이트 펀치를 잡아서 관절기를 시도하기는 매우 어려운 일이 아닐 수 없다. 권투선수의 잽은 0.5초의 찰나(刹那)같은 펀치이고 이것을 피하거나 막는다는 것이 결코 쉬운 것이 아니다. 더욱이 이것을 잡아 꺾어서 제압하기란 사실상 불가능에 가깝다.

둘째, 기술적 제한과 술기의 사각지대가 문제점으로 제기된다. 호신술의 관절기는 손목꺾기와 중관절꺾기가 대부분으로 구성되어있다. 이것에서 수 백 또는 수 천 가지의 응용기술이 파생된다. 정말 엄청난 기술의 양이 아닐 수 없다. 그럼에도 불구하고 정작 실전에서 이 기술을 사용하기 어려운 점은 큰 단점으로 부각된다.

상대가 끌어안거나 목을 감싸 잡는 동작으로 인하여 술기에 제한을 받게된다. 물론 이러한 것을 해결하는 기술이 있긴 하지만 프로그램에 의해서 움직이는 경우가 많고 실전에 사용하기에는 모자란 것이 있는 것도 사실이다. 왜냐하면 술기를 구사하기 위해선 손목과 팔꿈치를 꺾을 수 있는 적당한 각도나 공간 확보가 반드시 필요한데 이것을 해결하지 못하는 경우가 많기 때문이다.

호신술은 상대를 제압하고자 할 때 반드시 일정한 공간을 확보해야 한다. 너무 멀리 떨어져 있거나 너무나 밀착되어있으면 기술에 제약을 받게 된다.

셋째, 공간적 제한이 없다는 것이다.

와술(臥術)이란? 그라운드 테크닉(ground technique)이라고도 불리운다.

서있는 상대를 바닥에 메치거나 뉘여서 누워서 할 수 있는 타격기법, 조르기, 관절기 등을 사용하여 상대를 기절시키거나 완전 항복을 받아내는 유술기법 중의 한 장르이다.

입식술기는 와술과는 달리 상대가 앞뒤나 좌우로 언제든지 빠르게 움직일 수 있다.

단순히 생각하더라도 움직이는 상대의 팔을 잡아서 꺾는다는 것은 역시 어렵다.

와술의 효율성은 관절기가 100%로 효과적으로 제압이 가능하다는데 있다.

이것은 바닥이라는 공간적 제한 때문에 상대가 움직임에 제한을 받기 때문이다.

와술은 기술의 특성상 일단 상대를 바닥에 메치고 그 후에 누르기로 눌러 도망가지 못하게 한 후에 관절기를 구사하여 항복을 받는 적극적 관절기법으로 실전대련에서 100%의 기술로 사용이 가능하다. 반면에 입식술기는 항상 꺾기를 전제로 기술을 구사한 후 나중에 메치기가 들어가게 된다. 그러니까 제압이라는 과정이 항상 기술의 마지막에 들어가기 때문에 처음 기술을 사용하기 위한 동작을 시도할 때 상대의 움직임으로 인하여 실패할 확률이 매우 높게 되는것이다.

언뜻보면 와술(臥術)과 입술(立術)은 같은 기법으로 대동소이(大同小異) 하게 보이지만 사실은 전혀 다른 관절기의 기술체계로 이루어져 있는 것이다.

그러므로 입식호신술은 충분히 기술을 연습하였다고 하더라도 실전에서 사용하지 못하는 사태가 빈번하게 일어날 수 있다.

이와같은 입식관절기의 문제점을 보완하고자 고안해 놓은 것이 기습적 관절기이다.

다시한번 언급하지만 입식관절기의 기술적이론이나 철학적의미를 부정하거나 비판하는 것이 아니다. 어차피 기습적 관절기 자체가 입식관절기이며 그 원리가 입식관절기의 원리를 그대로 나타낸 것이고 이것의 전반적인 것에 대한 단순히 효율성을 이야기 하고 있다는 것을 알아두기 바란다.

필자 또한 상당히 오랜기간 동안 입식관절기를 연마해 왔고 그것을 바탕으로 새로운 관절기를 연구하게 되었다. 누구든 지구상 대부분의 관절기 이론이 입식관절기에서 왔으며 모든 관절기의 아버지와 같은 존재라는 것을 부정할 수 없을 것이다.

다만 전통적 관절기법을 현대적 관절기법으로 발달, 발전시키는 것이 누군가 해야 할 과제가 아닌가라고 생각해왔었고 그것으로 인하여 지금과 같은 기습적관절기를 연구하여 지도하게 되었다.

다시 본론으로 들어가보자!

기습적 관절기는 앞에서 언급한 것처럼 적극적호신기법을 우선으로 하고 있다. 즉 상대가 당신을 잡아주기 전에 먼저 손을 잡아 꺾는다거나 쌍방이 타격전이 일어나는 와중에 메치기를 실시하며 관절기를 시도한다거나 하는 기술을 말하는 것이다.

기습적관절기는 일반 무술장르에서 볼 수 없는, 오로지 공권유술의 독자적 기술훈련체계로 기존의 기술을 보완하여 시합용이나 실전용에서 자유자재로 사용할 수 있도록 탄생된 기법이다.

팔 얽어 비틀기에 대해서...

팔얽어 비틀기(암락Armlock)는 상대의 팔을 비틀어 꺾어 팔꿈치와 어깨관절을 탈골을 유도하며 골절시키거나 인대 등을 파괴시키는 기술이다.

기술이 매우 효과적이며 포괄적으로 사용되는 테크닉이며, 기술의 습득이 뼈를 깎는 듯한 고통을 수반하는 수련을 하는 것도 아니고 부상의 우려가 있는 기술도 아니라서 간단한 요령으로 배우는 즉시 사용할 수 있는 기법 중 하나이다.

그럼에도 불구하고 일반적으로 팔얽어 비틀기는 와술에서 그 효과를 발휘한다. 뿐 만 아니라 십자꺾기(암바Arm Bar)와 함께 가장 많이 사용되는 기술이며 성공률 또한 매우 높아 유술을 수련하는 무술인에게는 이 기술을 빼놓고 관절기를 익힌다는 것은 상상할 수도 없다. 하지만 일반적인 호신술에서의 팔얽어 비틀기는 관절기를 사용하는 기준이 완전히 다르다.

입식에서의 관절기는 상대의 팔을 꺾어 아프게 하거나 또는 팔꿈치와 어깨관절의 탈골이나 파괴를 목적으로 하는 것이 아니라 단순히 상대를 관절기로 넘어뜨리는 기능에 그치고 만다. 즉 팔얽어 비틀기만으로는 상대에게 항복을 받아내거나 완전한 제압을 할 수 없다는 것이다.

똑같은 동작으로 기술이 통용되는 기준이 완전히 다른 것은 깊이 연구해 볼 필요가 있다. 하지만 호신술을 수련하는 많은 사람들이 와식과 입식의 팔얽어 비틀기를 똑같이 해석한다는 데에서 관절기의 기술습득과 새로운 기술의 발전을 더디게 하는 경우를 만들어낸다.

공권유술의 기습적 관절기에서도 팔얽어 비틀기는 존재하며 입식에서도 자주 사용된다.

접근전에서 기습적으로 팔얽어 비틀기를 시도하기 위해서는 와술에서 어떻게 팔얽어 비틀기가 통용되는지 알아보는 것이 바람직하다.

또한 와술, 공권유술의 기습적관절기를 이해하고 호신술에서 어떻게 팔얽어 비틀기를 통용시켜야 되는지를 스스로 연구해 해답을 찾을 수 있을 것이다.

관절기를 이해하기 가장 좋은 조건은 다양한 포지션에서 연습해 보고 다양한 각도에서 기술을 구사해 보는 것이 자신의 신체조건이나 스타일에 가장 적합한 자세를 만들어 낼 수 있다.

다음에 소개될 내용은 메치기에서 와술로 이어져 팔얽어 비틀기를 구사하는 가장 기본적인 본(本)을 선보이는 것이다.

가로누르기에서의 팔얽어 비틀기

1

서로 공방이 시작되려고 하는
간격의 거리의 대치상황

상대가 정권지르기로 공
격해 온다. 자세를 낮추고
상대의 펀치공격에 대해
서 상반신을 숙이며 덕킹
(Ducking)으로 가볍게 피
한다.

2

오른발을
깊숙히
전진한다

머리를 밀어 붙인다

당긴다

3

상대의 겨드랑이 밑까지 파고 들어
가는 것이 요령이다. 허리를 꾸부정
하게 하지 말고 곧추세워서 안정된
자세를 만든다. 상대의 주먹에 가장
많이 사용되는 반격의 기술을 일명
태클(Tackle) 이라고 불리우는 두
다리잡아 넘기기이다.
두 손을 이용하여 상대의 두 다리를
잡아당기며 어깨와 머리를 이용하
여 상대를 제압한다.

4

상대를 우측으로 돌려넘기기를 실시하여 좋은 포지션이 되도록 하게 한다. 경우에 따라서는 럭비선수가 상대를 들이받듯이 몸을 날려 태클을 걸어도 좋다.

두팔을 당기며 고개를 우측으로 밀며 넘긴다

5

완전히 메쳐지게 되면 상대의 두 다리를 당신의 왼쪽 편으로 빠져 나오게 되는 가로누르기가 성립된다. 이것이 상대의 가랑이 사이에 들어가 있는 자세보다 매우 합리적인 메치기이다. 와술에서 관절기가 통용되기 위해선 일단 상대를 바닥에서 일어 나지 못하게 하는 것이다. 그러므로 견고한 누르기가 필요하다.

6

밑에 깔려 상대가 빠져나가려고 몸부림을 치거나 또는 자신의 팔뚝을 이용하여 당신의 안면이나 목을 밀어 젖힐 수가 있다.

7 오른손으로 상대의 왼쪽 손목을 잡고 팔을 밑으로 누른다. 밑에 있는 상대는 서 있을때 보다 힘을 쓸수없게 된다. 상대의 두발이 지면에 체중을 두지 못하기 때문이기도 하고 허리의 구심점이 뉘여져 있는 바닥이라는 제한적 공간 때문에 중심이동을 할수없기 때문이다. 사실상 속수무책이 된다.

8 상대의 팔은 반드시 알파벳 ∨를 만들어야 한다. 만약 상대팔이 ∨자로 만들어지지 않고 완전히 펴진 상태가 되면 그 팔을 당신의 힘으로 구부리기란 사실상 불가능하다. 이러한 상태에서는 암바(Arm Bar)와 같은 다른 기술을 시도해야 한다. 또한 상대의 팔이 ∨자로 완전히 구부러진 상태에서 암바(Arm Bar)를 걸기위해 완전히 팔을 펴기위해 시도하는 것도 무모한 짓이다. 한번 구부러진 팔을 상대가 스스로 펴기 전에는 펼수가 없다.

9 왼손을 상대의 삼두근 밑으로 통과하여 당신의 손목을 잡는다면 팔얽어 비틀기를 성공시킬 확률은 무려 90%에 해당된다.

왜냐하면 상대가 손을 탈출하기 위해선 오로지 이두근의 근육 한가지로만 힘을 써야 한다 더욱이 팔이 ∨자로 구부러진 상태에서는 자신의 힘을 제대로 쓸수없게 되는것이다. 하지만 당신은 어떠한가? 온몸으로 위에서 아래방향으로 체중을 사용하여 누르는 힘과 어깨의 근육, 팔목과 팔을 근육 그리고 등근육과 같은 몸 전체의 근육을 사용하여 오로지 상대의 한 팔 만을 제압하기 때문에 상대는 힘을 쓸수 없게 되는 것이다.

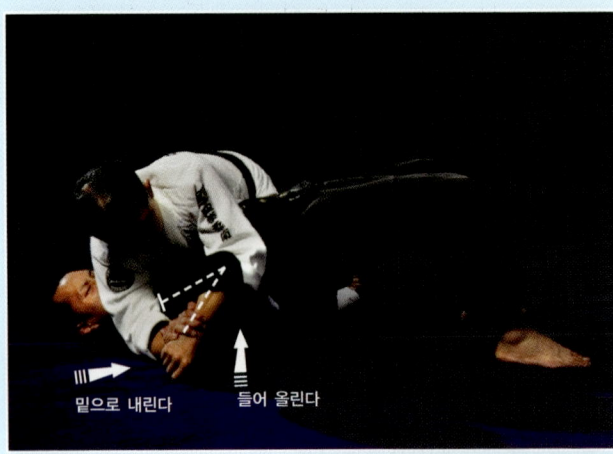

밑으로 내린다   들어 올린다

10

당신의 두 손을 반드시 밑으로 내리며 왼팔을 들어 올린다. 이렇게 해야만 꺾기가 성립된다. 어깨의 관절은 머리 위로 올라갈수록 자유로워진다. 간단한 예를 들어본다면 우리가 등을 긁을 때 머리위 쪽에서 등쪽으로 손이 가는 것이 허리쪽에서 등쪽으로 손이 가는 것 보다 훨씬 쉬운 이치가 그것이다. 특히, 중관절의 특성상 팔꿈치가 구부러진 상태에서 밑을 향하게 되면 팔꿈치를 올리는 각도가 매우 좁아져 조금만 힘을 주어도 큰 부상을 얻게 되는 것이다.

당신은 위의 그림과 같은 경로를 통해서 와술에서는 어떻게 팔얽어 비틀기가 이루어 지는지에 대하여 이해하게 되었다.

다시한번 말하지만 상대를 뉘이지 않고 서있는 상태에서 팔얽어 비틀기를 구사하려 한다면 상대의 팔은 꺾이지 않는다. 다만 상대를 바닥에 뉘이게 할 수 있을 뿐이다.

와술에서 사용되는 모든 기술은 일단 상대를 바닥에 메치고 난 이후 누르기로 이어지고 그 후, 관절기가 성립된다는 것 또한 이해할 것이다. 바닥이라는 제한적 공간은 누르기로 인하여 만들어진다.

일단 견고한 누르기가 이루어지면 상대는 빠져나가려고 몸부림치지만 분명 움직임에 많은 제약을 받게 된다. 그것으로 인하여 팔얽어 비틀기가 성공할 수 있는 요인이 된다. 이것은 당신이 알고 있는 입식관절기와는 전혀 다른 기술의 패턴이 만들어지는 것이다.

즉 입식관절기는 공간의 제한이 전혀 없다. 상대가 당신의 멱살을 잡았다고 가정할 때 당신이 기술을 구사하기 전 상대는 손을 놓던가 뺄수가 있다. 또한 상대가 당신을 잡아주지 않거나 뒤로 도망가거나 빠르게 손을 움직인다면 상대의 손을 꺾기란 불가능에 가깝다. 와술에서 100%성공할 수 있는 관절기술이 입식관절기에서는 경우에 따라서 0%의 성공률로도 나타내는 것이다.

그림A

곁누르기 자세에서의 팔얽어 비틀기
(상대의 머리 쪽에서 위치한 자세)

그림B

가로누르기에서의 팔얽어 비틀기
(상대측면에 위치한 자세)

그림C

정면 위누르기에서의 팔얽어 비틀기
(상대의 배위에 완전히 올라 탄 자세)

위의 그림 A,B,C에서 공통된점은 상대를 제압하는 어떤 위치에서도 팔얽어 비틀기가 가능하며 모두 완벽히 제압할 수 있다는 것과, 상대를 제압하는 팔의 각도는 모두 일정하게 알파벳 'V'를 만들고 있다는 것이다.

이밖에도 여러 각도에서 효과적으로 사용되는 팔얽어 비틀기의 기술이 있지만, 대표적인 것을 몇 가지 소개해 보았다.

키 포인트

입식과 와식의 차이점

입식관절기는 상대를 먼저 메치고 누르기를 시도한 후에 꺾기를 구사하는 와식관절기와는 달리 일단 꺾어 제압 한 후 상대를 메친다는 것이고 누르기라는 개념을 확립하지 않는다. 와술관절기와는 역시 전혀 다른 시스템이다.

입식관절기–꺾은 후 메친다.
와식관절기–메친 후 꺾는다.

그럼, 위의 사실을 기억하면서 본격적으로 공권유술에서 사용되는 입식에서의 기습적관절기를 알아보도록 하자!

1. 맞대기 1본(本) 팔얽어 비틀기

앞에서도 언급했다시피 공권유술에서 사용되는 기습적 관절기는 상대가 자신을 잡아줄때까지 기다리지 않는다.

적극적 호신기법인 "내가 먼저 상대를 잡아 관절기를 구사한다!"라는 방식을 적극 도입하였다. 그렇게 하여 공권유술만의 독특한 훈련법과 시합법이 탄생하게 된다.

기습적 관절기는 말 그대로 기습적으로 공격을 감행해야 하는것이다.

와술은 상대가 어떠한 관절기로 공격을 해올것이라 미리 감지해도 그것을 방어하지 못하는 경우가 상당히 많다. 하지만 기습적 관절기는 상대가 이미 눈치를 챘다면 사실상 기술을 성공시키기는 어렵다. 그럼에도 불구하고 기습적 관절기가 시합에서 중요한 요소를 차지하는 경우는 타격기, 메치기, 와술기등과 같은 기술과 적절히 조화를 이루어 성공률을 높이기 때문이다.

대치상황

왼손 잽을 안면에 날려 상대가 두 손을 올려 가드 (Guard)하도록 유도한다. 실제 잽으로 안면을 타격하면 상대의 두 손은 안면을 보호하기 위하여 방어한다. 이는 당연한 신체의 반응이며 수없이 반복된 연습의 산물이다.

또는 오른손 스트레이트모션을 크게 잡아 상대가 두 손을 올려 방어하도록 만들어낸다. 이것 또한 역시 상대의 두 손을 올려 가드(Guard)하도록 만드는 패인팅 (feinting)의 액션이다. 여기서 당신의 관절기가 성공된다면 상대는 그 기술에 대해서 전혀 인식하지 못하기 때문이라는 것을 기억하기 바란다. 왜냐하면 첫 번째 왼손공격에 상대는 오른쪽 펀치공격인지 발차기공격인지 또는 무릎차기나 메치기같은 기술중에 어떠한 기술로 공격해 올지 아직은 예측할 수 없기 때문이다. 상대가 할 일중 가장 첫 번째의 단계는 일단 가드를 올려 상대의 공격에 대비하는 것이다.

클린치를 한다는 느낌으로 또는 이마로 상대의 턱을 들이받는다는 느낌으로 재빨리 파고 들어간다. 당신의 오른손은 상대의 오른손목을 잡기위하여 대각선 방향으로 가장 가까운 거리를 계산하고 빠르게 접근해야하며 자세를 흐트리지 말고 왼발을 일보 전진하는 것을 원칙으로 한다.

오른손으로 상대의 오른손목을 잡는다는 느낌이 아니라 당신은 단순히 상대의 오른팔 쪽으로 지나친다라는 느낌을 살려야 한다. 단순히 당신의 이동경로에 상대의 팔이 놓여있다고 생각하라! 동시에 당신의 움직임은 멈추지 않는다. 이 장면에서 기술이 성공할 것인가? 아닌가? 를 결정짓는 매우 중요한 요소가 된다.

5

상대의 오른쪽 바깥쪽으로 당신의 몸은 빠져나간다.
상대의 몸은 이미 기울어지기 시작하고 당신의 왼손은
자신의 오른손목을 잡아 완전히 얽는다.

6

팔이 완전히 얽어지면 두손을
사용하여 어깨관절을 비틀어 꺽
기를 사용한다. 오른발이 일보
전진하며 계속해서 밀어 부친
다. 몸과 팔의 자세는 처음의 각
도를 계속해서 유지하게 한다.
상대는 중심을 잃고 뒤로 넘어
지게 될 것이다.

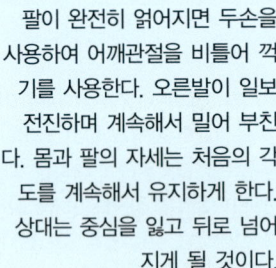

그림A

(꺽이는 각도)상대가 팔이 꺽기
는 각도는 되도록 알파벳 V를
만들어야 한다. 상대의 팔이 구
부러진 각도는 45도에서 90도
각도 사이의 안을 이루어야한다.
너무 펴지거나 너무 구부러진
각도에서는 기술이 통하지 않는
다는 것을 명심하도록한다.

45˚~90˚

팔꿈치

팔뚝이 상대의 삼두근에
위치하고 있어 기술이
성립된다

그림B

(올바른 잡기) 팔얽어 잡기를 하여 상대를 넘
어뜨리기직전 팔의 모습을 확대한 모양이다.
당신의 팔뚝은 반드시 상대의 삼두근 밑을 통
과하여 겨드랑이 밑으로 하여 얽어잡기를 해
야 한다. 일단 팔얽어 잡기가 성공하면 기술은
90%이상의 성공률을 자랑한다.

그림C

위와 같은 모양으로 잡기를 실시하는 경우가 생긴다
면 기술이 성립되지 않으니 주의하기 바란다. 당신의
왼팔은 지렛대의 원리가 작용된다. 지렛대의 받침은
물건을 들어올리거나 밀어올릴 때, 가장 아랫부분에
지지되어야 효과적인 것이 일반적이다. 그러나 위의
그림에서 왼팔은 삼두근 부분을 벗어나 팔뚝 쪽으로
치우쳐있다. 오른손으로 밀고 왼손으로 당길 때 지렛
대의 원리는 작용되지 않게 되는 것이다. 또한 상대방
팔의 각도가 너무 느슨하게 되어 90도이상 벌어져 있
어도 어깨에 부담을 주지 않아 넘어지지 않게 된다.

팔꿈치

팔뚝이 상대의 팔뚝에
위치하고 있어 기술이
성립되지 않는다

잡아 당긴다

7 상대는 매우 큰 동작으로 곧장 뒤로 쓰러지게 된다. 이것은 상대가 의식적으로 버텨야
되겠다... 라든가 기술이 걸렸으니 방어해야지...라는 생각을 할 겨를이 없게된다. 워낙
순간적인 동작이고 꺾이는 각도에 반사적인 상태에서 무의식적으로 뒤로 넘어지게 되는
데, 상대는 넘어진 후에도 자신이 왜? 바닥에 누워있는지 조차도 인식하지 못하게 된다.
그러나 상대를 완전히 넘어뜨려도 아프거나 고통의 흔적은 전혀 없다. 입식팔얽어 비틀
기의 특성상 단순히 상대를 바닥에 넘어지게 한것 뿐 상대를 완전히 제압하지는 못하게
된다. 완전히 제압하기 위해선 와술의 테크닉이 중요한 요소를 차지한다.
그러므로 상대를 완전히 제압할 다른 기술을 고려해야한다. 상대는 넘어지는 동시에 두
다리가 들리고 엉덩이가 들리면서 등이 바닥에 밀착하게 된다. 쓰러뜨리는 순간 비틀어
꺾은 상대의 팔을 잡아당겨 당신의 가랑이 사이로 머리가 오도록 유도한다. 마치 팽이가
돌아가듯 180도를 회전하게 된다. 또한, 비틀려진 손이 자신쪽을 잡아 당김으로 인하여
상대는 자신의 팔을 보호하기 위하여 반사적으로 몸을 이동시키게 된다.

상대는 크게
회전되며
제압된다

8

상대가 완전히 당신의 가랑이 사이
로 유도되면 이 자세에서 상대를
제압하는 기술들은 무궁무진하게
많다. 가장 빠르고 기본적인 기술
은 가로누어 손목꺾기가 되겠다.
상대의 손목을 구부러뜨려 제압할
수 있도록 자신의 몸쪽으로 잡아당
기며 당신의 오른발을 상대의 등뒤
에 단단히 고정시키고 몸을 우측으
로 돌려 앉을 수 있도록 한다.

손목꺽기가 성립된다

9 오른쪽 무릎을 완전히 굽히고 상대의 겨드랑이 밑에서 등쪽으로 이어지는 옆구리쪽에 정강이 전체를 단단히 밀착시킨다. 매우 중요한 동작이므로 정확한 연습이 필요하다. 한편 당신의 왼발은 상대의 얼굴에 걸어 일어서지 못하도록 하는 기능을 수행한다. 이후 손목을 구부려 제압하는데 상대는 감당하지 못할 정도로 심한 통증을 받게된다. 여기서 주의할 점은 상대의 삼두근이 당신의 가슴에 완전히 밀착되어 직각으로 세운 후 압박하여 꺽기를 성립시켜야 한다는 것이다. 결국 당신의 몸통이 지지대를 만들어 손목을 구부리는 원동력이 된다.

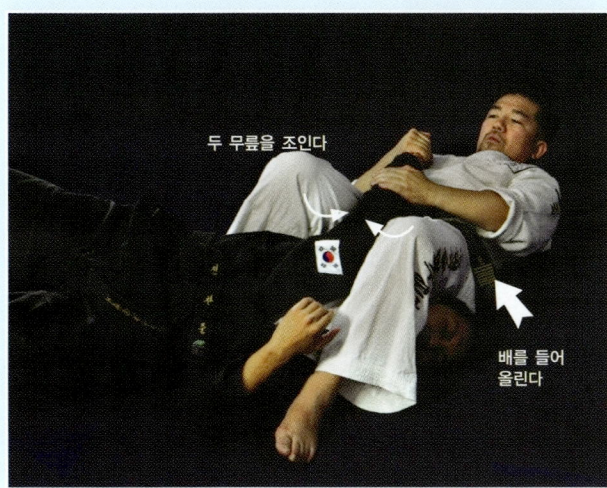

두 무릎을 조인다

배를 들어 올린다

10 만약 상대가 괴력의 소유자라면 다음과 같은 방법을 모색할 수 있다. 가로누워 외발십자꺽기는 코끼리 다리같이 두꺼운 팔뚝의 소유자도 쉽게 부러뜨릴 수 있는 기술이다. 손목꺽기가 전혀 효과가 없거나 수월치 않으면 다른 기술을 컴비네이션으로 시도하는 것이 바람직하다. 가장 쉽게 사용되는 기술로 상대의 중관절을 과도하게 펴서 탈골이나 골절을 유도한다. 요령은 두 손으로 상대의 팔을 단단히 잡은 후 몸통에 완전히 밀착시키고 배를 들어올려 상대의 팔이 완전히 펴지게 하는 것이다. 더 이상 펴지지 않음에도 불구하고 계속해서 과도하게 배를 올리게 되면 중관절이 파괴된다.

그림상으로는 매우 많은 동작이 필요하지만 정작 실전에는 1~2초안에 모든 동작이 끝나게된다. 결국 입식관절기의 특성이 잘 살아나는 기법으로 상대의 팔을 먼저 꺽어 메치고 이어서 계속해서 관절기로 이어졌다. 와술적 기법과는 역시 반대의 기법이다.

팔얽어 비틀기를 효과적으로 성공시키는 방법

1.반드시 상대의 손이 어깨 위 이상으로 올라가는 시점을 노려라!

　　팔얽어 비틀기는 언제나 상대의 팔모양이 알파벳 'V'를 유지해야 어깨와 팔꿈치의 관절에 타격을 줄 수 있다. 그러므로 입식에서는 상대의 두 손 중 한 손이라도 안면이나 상체를 방어하기 위하여 손이 올라가는 시점에서 기술을 구사해야 한다. 잽과 같은 안면공격으로 손이 얼굴 근처로 올라가게 만들어야 한다. 그러나 상대의 팔이 자신의 허리 밑으로 내려져 있다면 'く' 이러한 모양이 되거나 단순히 손이 밑으로 늘어져 있는 모양이 될 것이다. 그러므로 당신은 상대방 두 손의 상태에 따라 언제 어느 시점에서 기술을 구사해야 되는지를 정확히 이해하여야 한다.

1

복부를 타격한다. 상대의 손은 반사적으로 밑으로 내려오게 된다.

팔을 상대의 어깨너머로 넘기기 어렵다

2

팔얽어 비틀기가 성립되지 않는다.

　　똑같은 기술을 똑같이 사용했음에도 불구하고 기술의 통용에 문제가 생기는것은 어느시기에 어떻게 기술을 구사할 기회를 잡느냐에 따라 성공의 열쇠가 달려있다. 또한 이것은 직접적인 실력으로 향상되며 평가된다.

2.상대의 뒷손을 공격하라!

위의 그림을 보고 가만히 생각해 보면 당신은 한 가지 의문점이 들것이다.

어째서 공격자는 상대의 오른손을 꺾을까?

누가 보아도 앞에 위치한 왼손을 잡아 꺾는 것이 수월하지 않을까? 하는 생각을 갖지 않겠는가?

속도면에서 본다면 확실히 상대의 왼손을 꺾는 것이 유리한 것은 틀림없겠으나 기술의 성공률에서 보면 오히려 현저히 낮아진다.

요인은 다음과 같다.

1. (부산히 움직이는 왼손) 사실 오른손보다 왼손이 2배이상 많은 움직임을 볼 수 있다. 이것은 관절기를 시도하는 순간 상대의 손이 움직여 잡기가 어려워질수 있다는 것을 의미한다.

2. (노출된 시야) 앞에 나와있는 왼손은 당신의 눈에 잘띄어 빠르게 잡을 수 있다고 생각되겠지만, 상대의 입장에서도 오른손보다 훨씬 눈에 잘 띄게 된다. 더욱이 자신의 손이므로 두말할 것도 없으며 반사적으로도 상대가 잡으려 들 때 빠르게 반응할 수 있다.

3. (손이 구부러진 각도) 상대방 두손의 높이가 일정하다고 볼 때 왼손은 오른손보다 현저하게 펴져있다. 뿐만 아니라, 상대의 공격을 피하기 위하여 반사적으로 손을 뻗게 된다. 그러나 오른손은 언제나 'V'자를 만들어 턱에 단단히 고정한다. 앞에서 언급했듯이 팔이 꺾이는 각도는 영어 알파벳 'V'자가 되어야한다.

4.(관절기가 들어가는 방향성) 당신의 오른손은 대각선 방향으로 가장 빠르게 그리고 가장 가까운 각도에서 상대의 오른손목을 잡게 된다. 이때 낚아채서 잡는 것이 아니라 단순히 돌진하여 자연스럽게 접촉한다는 느낌으로 접근전을 펼쳐야한다. 상대가 왼발이 앞에 나와 있는 전형적인 "오소독스 스탠스"(Orthodox stance)를 구축하고 있는 이상 돌진하여 팔을 얽어 (잡아서 비틀어 꺽는 개념이 아닌..) 달리는 또는 같이 넘어지는 동작을 이해한다면 단 한번의 동작으로 기술은 성공된다. 이것은 앞에 나와있는 왼손을 꺽는 동작과는 전혀 다른 동작이다.

5.(의외성)결국 기습적 관절기는 상대가 전혀 생각하지 못할 때 성공시킬 확률이 높아진다. 일반적으로 타격전에서, 그것도 서있는 상태에서 상대가 당신의 팔을 꺽어 메치기를 시도한다는 생각은 누구도 예상하지 못하는 일이다.
당연히 타격전으로 공격을 해 올 것이라고 상대는 생각한다.
이것은 초보자는 말할 것도 없고 어느 정도 무력을 갖춘 무술인이라 해도 수많은 세월동안 무술을 하면서 만들어낸 고정관념에서 비롯되었다.

마지막 조언–당신이 이것 한 가지만 명심한다면 지금 이 순간부터 실전대련에서 사용되는 입식에서의 기습적 관절기의 성공률은 상상하지 못할 정도로 높아질 것이다.

1. 실패를 두려워 하지 말 것!

기습적 관절기는 "밑져야 본전"이라는 생각으로 기술을 구사해야한다.
"반드시 기술을 성공시킨다!" 라는 생각은 금물이다. 심적 부담을 스스로 가중시키지 말아야한다.

2. 한번의 결투에서 여러번씩 기습적 관절기를 사용하지 말 것!!

기습적 관절기는 말 그대로 상대가 전혀 예상하지 못한 상황에서 실전적으로 구사하는 기법이다. 한번의 결투에서 한사람을 상대로 똑같은 기술을 계속해서 구사한다면 관절기의 특성상 대부분 방어하기 쉬어진다는 것을 인식해야한다.

3. 기술이 성공치 못하더라도 50%는 기술이 성공했다는 사실을 알 것!

기술을 구사하는 상황에서 잘못된 각도, 기술의 부족, 스피드의 결여, 그밖에 상대가 매우 강한 힘의 소유자 등... 여러가지 여건으로 기술이 성공하지 못할 경우가 있다.
예를 들면 상대가 손이 꺽이는 동시에 그 손을 빼내어 위기를 모면했다면 이 기술이 실패냐? 성공이냐? 를 볼 때 당신은 당신의 기술이 완전한 실패로 인식해서는 안 될 것이다.
일단 당신은 기술의 성공률을 절반 이상으로 인식해야한다.
상대는 처음 보는 매우 이상 야릇한 기술이라고 생각할 것이고 매우 당황하며 앞으로 전개될 결투에서 그 기술에 대한 복잡한 심경을 갖게 될 것이다. 뿐만아니라 다시 공격해 들어올지 모른다는 불안감도 아울러 갖게 된다.
그것 자체만으로도 이미 상대는 불리한 상황으로 전개되어가고 있다는 것을 의미한다.
당신의 기술이 단순히 기습적 관절기의 기술 하나만 있다면 모르겠지만 공권유술은 타격기, 메치기, 와술기 등과 같은 여러가지의 복합된 기술중에 단순히 하나의 장르에 속해 있는 기술일 뿐이다.
그 이후에는 타격이나 메치기 와술기법에 치중을 두어 상대를 요리해 나가게 된다. 이것은 처음부터 메치기만을 고집한다거나 와술에만 치중한다거나 하는것과는 하늘과 땅 차이다. 기습적 관절기로 인하여 대결의 구도가 당신에게로 유리하게 펼쳐지기 때문이다.

기본 연습법

연습은 2인1조가 되어 연습한다.

기습적 관절기는 빠르게 상대의 손을 잡는 기법을 상당히 중요시 여긴다. 일단 손을 잡으면 기술의 80%는 성공시킬 수 있는 찬스가 생기기 때문이다.

그러므로 어떠한 각도에서 어떠한 방법으로 어떻게 수련하느냐가 매우 중요하다.

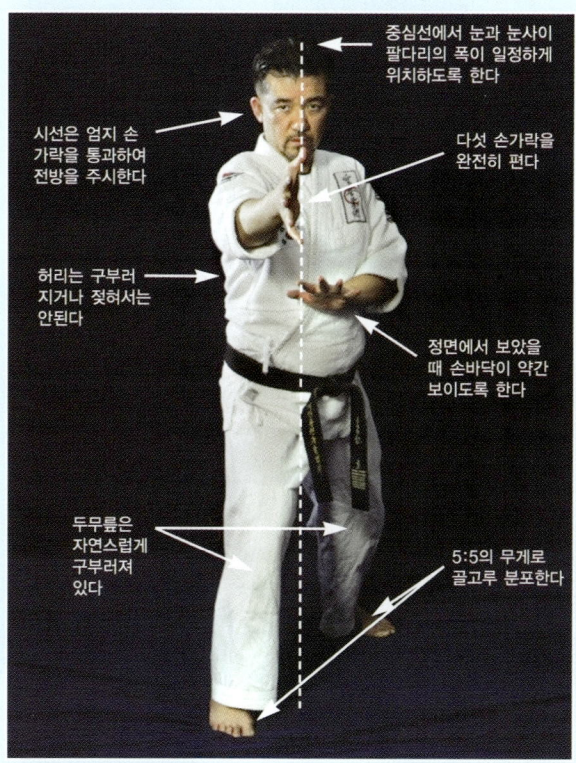

시선은 엄지 손
가락을 통과하여
전방을 주시한다

중심선에서 눈과 눈사이
팔다리의 폭이 일정하게
위치하도록 한다

다섯 손가락을
완전히 편다

허리는 구부러
지거나 젖혀서는
안된다

정면에서 보았을
때 손바닥이 약간
보이도록 한다

두무릎은
자연스럽게
구부러져
있다

5:5의 무게로
골고루 분포한다

두 손바닥을 완전히 펴서 방어 자세를 만든다. 사실 주먹을 쥐는 훈련보다 주먹을 펴는 훈련이 더 중요할 때가 있다.

주먹을 쥐게 되면 전완근에 힘이 들어가게 되는데, 상대를 타격할 때 주먹을 꽉 쥐어 전완근에 힘이 들어가면 펀치력은 평소보다 훨씬 약한 힘을 발휘하게 된다.

손바닥을 펴게 되면 전완근에는 전혀 힘이 들어가게 되지 않고 오로지 손가락의 끝에만 힘이 집중된다. 그것을 느끼는 훈련을 하면 손가락이 민감해지고 악력이 강해지며 펀치력도 세진다. 처음부터 주먹을 세게 쥘 필요는 없다.

필요에 의해서 타격하는 순간에 임팩트를 주어 힘차게 주먹을 쥐며 타격하는 것이 좋다. 어깨와 팔꿈치 그리고 무릎의 긴장을 풀고 느슨하게 한다. 시선은 당신의 오른쪽 엄지 손가락을 통해 상대를 주시한다.

전통적인 자세는 오른발을 완전히 앞굽이 자세를 만들고 뒷발을 쭉펴서 자세를 낮추는것이다. 그러나 이 자세가 물론 아름답기는 하지만, 실전의 실용성에 문제가 있다고 판단하여 자연스러운 스탠스(Stance)로 변형시켰다. 이것은 언제라도 일반적인 격투자세인 세미크라우치(semi-crouch)자세로 쉽게 변형할 수 있도록 하기 위함이다.

1 준비자세

2 왼발 일보 후퇴하며 손을 뒤로 한다.
시선은 전방을 주시한다.

두 손을 크게 원을 그리며 왼손
과 오른손을 교차시킨다. 3

4

두손을 앞으로 보내면서 자신의 정면에 손이 오도록 조절한다.

5

오른손은 앞으로 하고 왼손은 몸통을 보호한다.

손가락을 완전히 편다

약 15°

공격자세는 반대로 왼발이 일보전진 하면 된다.

맞대기

공권유술에서는 맞대기라는 기술이 있다. 이것은 상대와 자신의 손등을 맞닿은 상태에서 공격과 방어를 주고받는 기법을 말한다.

맞대기에서 사용할 수 있는 기술은 크게 4가지로 분류한다.

1. 메치기

(상대와의 거리가 반보 안에서 사용
되어야 하는 초근접거리의 기술)

2. 기습적 관절기

(상대와의 거리가
일보 안에서 사용
되어야하는 근접
거리의 기술)

이보거리

3. 수기

(상대와의 거리가 이보
안에서 사용되어야하
는 일정거리의 기술)

4. 족술

(상대와의 거리가 삼보 안에서
사용되어야 하는 장거리의 기술)

삼보거리

위의 기술들을 보았을 때 우리는 4가지 기술들이 완전히 서로 다른 특징을 보인다는 것을 알 수 있다.

첫 번째는 서로 다른 종류의 기술로 구성되어 있다는 것이다.

예를들면 관절기와 수기는 전혀 다른 성질의 기술이며 메치기와 발차기는 전혀 일맥상통하지 않는 기술이라는 것이다.

두 번째는 상대에게 기술을 사용해야 할 간합(間合) 차이가 완전히 상반된다.

메치기를 사용할 수 있는 거리와 발차기를 할 수 있는 거리의 격차는 매우 크다.

즉, 발차기의 거리에서 상대를 잡아 넘기기는 메치기를 구사한다는 것은 상당히 어렵다는 것이고 관절기를 구사하는 거리에서 수기를 사용하기에도 뭔가 불편한 거리라는 것이다.

쉽게 말하면 위의 기술을 구사하려면 상대에게 서로 다른 각자의 거리를 유지해야 공격이 가능하게 되는 것이다. 하지만 서로의 손등을 맞닿은 상태에서 기술을 구사하는 맞대기를 하면 일반적으로 통용되는 거리의 조절이 불가능하게 된다.

공권유술에서 사용되는 맞대기의 거리는 약 1m의 짧은 거리가 된다. 이러한 일정한 거리에서 발차기와 메치기, 관절기와 같은 기술을 사용하여 기술을 성공시키는 훈련을 해나간다.

즉, 간합에 필요한 모든 거리는 원래부터 존재하는 것이 아니라 본인 스스로 간합(間合)을 콘트롤하고 기술을 성공시킬 수 있는 각도를 스스로 만들거나 찾아나가는 것이다.

이것이야 말로 창조적인 훈련법이 아닐 수 없다. 자신에게 주어진 최악의 조건의 거리에서 언제든지 관절기나 수기, 발차기, 메치기를 자유자재로 구사할 수 있는 것이다.

서로 마주보는 상태에서 방어 자세를 만들어 손등과 손등이 맞닿을 수 있도록 한다. 마치 허공에 손이 떠 있다는 느낌으로 동작을 취하고 일정한 힘으로 서로의 손등에 힘을 전달한다.

2

서로의 두 손이 맞닿는 상태에서 떨어지지 않도록 콘트롤하는 것이 가장 중요하다. 그러므로 손목을 그대로 비틀어 손바닥이 위로 향하게 만든다. 그와 동시에 손바닥으로 상대의 손등을 감싸 잡는다.

3

왼발을 일보 전진하며 팔을 얽을수 있도록 상대의 팔꿈치 관절을 알파벳 ∨로 만든다. 이때부터 상대는 균형을 잃기 시작한다.

넘기지 말고 스톱한다

4

팔을 얽어 비튼다. 이러한 동작을 서로 교대로 훈련하게 되는데 처음에는 정확한 동작으로 수련하다가 나중에는 최대한 스피드를 내어 연습한다.

부상에서의 주의

1 잘못된 방법(팔꿈치가 넘어갈 때)
가장 주의할 점 중에 하나가 상대의 팔을 비트는 과정에서 팔꿈치가 상대의 어깨너머로 넘어가는 실수를 범하는 것이다.
상대의 팔을 과도하게 꺾을 요량이나 너무 의욕을 앞세우며 동작을 행할 때 자주 나오는데 연습중에 이러한 동작이 나오면 십중팔구는 상대의 코뼈를 부러뜨리기 쉽다.
이러한 부상을 초래하는 가장 근본적인 이유는 전적으로 지도자의 책임이 크다고 할 수 있다. 지도자는 수련 중에 일어날 수 있는 부상에 대해서 수련자에게 충분히 설명하고 주의를 줌으로써 미연에 부상을 방지해야 한다.

2 옳은 연습방법
당신의 오른손은 상대의 팔이 90도 각도를 꺾이는 방향으로 곧장 밀며 돌린다. 이때 당신의 오른쪽 팔꿈치는 아래를 향해야 하며 최대한 상대와 밀착한 상태에서 기술을 행해야 한다. 이렇게 함으로써 파트너에 대한 부상을 예방하며 더욱 정확하고 완벽한 각도로 상대의 팔꿈치를 제압 할 수있게 된다.

2. 맞대기 2본(本) 팔꿈치 조이기

　상대의 팔을 자신의 겨드랑이에 끼워 중관절을 과도하게 펴서 꺾는 기술이다. 통상적으로 '암바'(Arm bar)라고 불리우는 가로누워 십자꺾기의 기술은 상대의 팔을 가랑이 사이에 끼우고 배를 들어 올려 팔꿈치 관절에 타격을 주게 되는데 원리는 비슷하지만 팔을 겨드랑이에 끼우는 것과 상대의 배를 바닥에 엎드리게 하는 부분이 다르다.

　대부분의 관절기들은 팔꿈치 부분의 중관절에 기술을 걸어 항복을 받아내지만 같은 원리의 기술이라고 해도 어떤 동작으로 어느 포지션에서 기술을 넣느냐에 따라 기술의 이름이나 테크닉이 다르게 나타난다.

　팔꿈치 조이기의 기술은 일단 수가 들어가면 완전한 제압이 가능하다. 또한, 일반 십자꺾기와는 달리 탈출이 불가능하게 된다. 특히, 입식에서 와식으로 넘어가는 기술이 빠르고 제압의 효과가 탁월하다.

꺾이는 부분

1 좌식 십자꺾기

꺾이는 부분

2 역십자 꺾기

위의 그림을 보게 되면 서로 다른 위치에서 다른 동작으로 기술을 구사하고 있다는 것을 알 수 있다. 하지만 팔이 꺾이는 각도나 꺾이는 부분, 꺾는 원리는 완전히 똑같다.

이렇듯 기본적인 원리에 자신의 신체적 조건이나 상황을 고려하여 기술을 창의적으로 개발하거나 발전시켜나갈 수 있는 것이 관절기의 큰 장점이라 할 수 있겠다. 그렇다면 팔꿈치 조이기의 원리와 기술은 어떨까?

1

서로 일촉즉발의 타격전이 일어날 수 있는 거리에 있다. 또는 서로 상대에게 펀치를 주고받는 난타전의 양상을 띄고 있다고 가정해보자!

2

오른발을 살짝 옮기게 되는데 1시방향에서 2시방향으로 전진한다면 기술을 걸기 좋은 각도를 만들 수 있다. 뿐만 아니라 당신의 왼손등은 상대의 왼손등에 자연스럽게 미끄러져 터치하게 된다. 이렇게 함으로써 상대의 주먹공격에 대한 사정거리에서 벗어날 수 있으며 발차기를 사전에 차단할 수 있게 된다. 모든 기습적 관절기는 처음 시작하는 동작이 가장 중요하다.

3

손등을 잡는 동시에 왼발 킥을 사용하여 늑골이나 복부를 타격한다. 이러한 타격 동작은 기습적 관절기가 성립되는 결정적인 도움이 된다. 이것은 당신이 원하는 관절기의 성공률을 높이기 위하여 상대에게 신경을 다른 쪽으로 유도하기 위한 작전 중의 하나이다. 이 발차기로 인하여 상대가 다운(down)되거나 KO된다면 더 할 나위 없이 좋겠지만 데미지를 입히지 못하더라도 실망할 필요는 없다. 결국 당신이 원하는 목적은 '팔꿈치 조이기' 이기 때문이다.

4

중단차기를 한 이후에 왼발이 지면에 닿는 동작과 함께 오른손을 보조하여 상대의 왼손목을 보조하여 잡는다. 일단 이러한 상태가 되면 기술의 성공률은 매우 높아진다. 더욱이 상대의 오른손은 당신을 타격할 수 없는 각도에 있으며 발차기 또한 허리의 꼬임으로 인하여 더욱 할 수 없는 위치에 봉착하게 된다.

5

오른발이 대각선 방향으로 이동하게 되면 상대의 팔은 인위적으로 구부리려해도 구부릴 수 없는 지경에 이른다. 이때 두 손을 사용하여 상대의 손등이 바닥을 향하고 팔꿈치가 위쪽으로 가도록 손목과 팔뚝을 회전시킨다.

6

펴진 팔을 자신의 겨드랑이 사이
에 끼워 최대한 꽉! 조이며 기마자
세를 잡는다. 이로써 상대의 왼팔
은 완전히 고립이 되었고 중심은
무너졌으며 도저히 반격할 수 있
는 자세를 만들 수 없게 되었다.

7 오른발을 앞으로 내밀어 뒤로 넘어진다. 역시 상대의 팔은 완전히 고립되어
있는 상태가 되었고 넘어지는 힘에 의해서 팔 또한 과도하게 펴지게 된다.
상대는 버티기를 하고 싶지만 불가능하다. 한쪽 팔로 당신의 체중을 버티는
것 자체가 무리일 뿐 만 아니라 자칫하다가는 팔뚝이나 관절이 부러지는 부
상을 입게 되기 때문이다.

8

상대는 배를 완전히 깔고 누워있는 상태가 되며 당신은 상대의 팔을 여전히 제압한 채 등에 비스듬히 올라탄 모양을 하고 있게 된다. 계속해서 중관절을 펴서 제압하게 되는데 반드시 상대의 손바닥이 하늘방향으로 향하게 만들어야 하며 겨드랑이를 완전히 조여 팔이 움직이는 공간을 없애야 한다. 관절을 탈골시키거나 부러뜨리기 위해선 새끼손가락 방향인 머리쪽으로 팔을 밀어올려 팔꿈치가 뒤틀리게 해야한다.

다시한번 강조하지만 기습적 관절기는 처음부터 상대의 팔을 잡으려고만 해서는 곤란하다. 가장 기술의 성공률이 높은 것은 타격전이 벌어지는 와중에 상대가 전혀 생각하지 못했던 관절기를 시도하는 것이 성공의 포인트라 하겠다.

와술로 가지 않고 단숨에 중관절을 탈골시키고자 할 때는?

팔꿈치 조이기를 연습할 때는 될 수 있는 한 3가지의 동작으로 나누어서 꺽는 연습을 실시해야 좋은 자세와 이론을 습득할 수 있다.

첫 번째 상대의 손목을 잡아 돌리고 두 번째 상대의 팔꿈치를 자신의 겨드랑이에 완전히 조여 기마자세로 변형시키는 동작에서 우리는 세 번째의 동작인 와술로 전개하여 상대에게 항복을 받아내는 테크닉을 알아보았다. 여기에서 두 번째 동작에서 와술로 이어지지 않고 바로 상대의 관절을 부수거나 탈골시키기 위해서는 약간의 요령이 필요하다. 만약 이 요령을 습득한다면 상대의 팔은 그것이 두껍거나 또는 길거나, 힘이 좋거나에 관계없이 큰 부상을 유발시킬 수 있다.

1.와술에서의 팔꿈치 조이기

1 와술에서의 팔꿈치 조이기

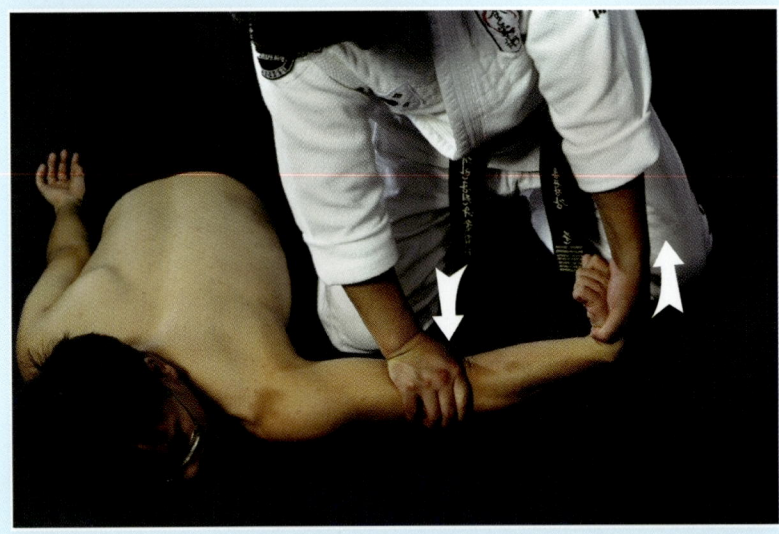

2 팔의 모양

위의 그림에서 와술에서의 팔꿈치 조이기를 실시하게 되면 상대의 팔은 하방향에서 상방향으로 팔이 과도하게 펴지게 되며 더 이상 펴질 수 없는 상태에서 무리하게 펴게 되면 탈골이 된다. 이때는 단숨에 팔을 들어올리는 동작이 아니라 지속적인 힘을 사용하여 천천히 압박을 하게 되어 상대가 팔이 탈골되기 전 항복을 하게 되는 것이다.

와술의 특성상 탈골이 잘 안되고 고통만 지속적으로 주어지게 되는데 만약 팔이 탈골된다면 접골술에 의하여 회복의 속도가 매우 빠르고 비교적 후유증이 적게 남는다.

이러한 동작은 십자꺾기를 비롯한 대부분의 와술 관절기와 같은 이론이다.

2.기마식에서의 팔꿈치 조여 비틀기

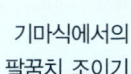

1

기마식에서의
팔꿈치 조이기

2

팔의 모양

　　기마식에서의 팔꿈치 조이기를 허리를 비틀어 상대의 중관절을 조인다면 상대는 눈 깜짝할 사이에 팔이 부서지고 만다. 상대가 항복 할 시간도 없고 부상에 대비할 기회도 없다.

　　탈골과 골절은 다르다. 더욱이 중관절의 특성상 같은 부위의 뼈가 2개이상 부러질 복합골절의 부상을 입을 공산이 크다.

맞대기 연습법

1

서로의 손등이 맞닿은 맞대
기자세를 만든다.

2

엄지손가락이 밑으로 향하게 하며 상방향
으로 올리듯이 상대의 손등을 감싸잡는다.

3

상대의 왼쪽편으로 당신의 왼발을 일보전
진시킨다. 상대의 팔이 구부러진 상태로 유
지하며 왼손으로 팔꿈치를 밀며 잡는다.

4

오른손을 잡아당기며 중관절이 완전히 펴지게 하고 펴져있는 팔꿈치의 관절을 구부리지 못하도록 왼손은 상방향에서 하방향으로 계속해서 눌러 제압한다.

기마식으로 자세를 낮추며 겨드랑이에 완전히 끼워 안정적으로 제압한다. **5**

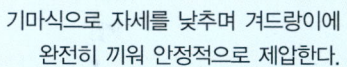
손목을 돌려 잡는다

6

손등을 감싸잡은 오른손을 밀착시킨 채로 손목을 돌려 잡는다.

　기습적 관절기의 성공률을 높이기 위해선 빠르게 전개되는 동작이 필요하다. 물론 스피드를 키우기 위해선 정확한 동작으로 많은 연습이 필요하다.
　이러한 기본적인 훈련으로 과감한 도전정신과 결단력 그리고 스피드의 향상으로 장점을 더욱 부각시킬 수 있으며 실전 스파링에서 할수있는 훈련법을 더욱 세밀하게 수련할 수 있다.

방권술이 실전에서 사용될 수 있을까?

방권술(防拳術)의 일반적 유형

방권술(防拳術)이란?
상대의 주먹을 방어하는 기법을 말한다.
예를들면, 상대의 주먹공격을 막은 후 주먹으로 치거나 또는, 발로차거나 아니면 메치기를 실시하여 제압, 방어하는 기술을 가르키는 것이다.

공권유술 수련관에서 수련생들이 가장 많이 하는 질문은 날아오는 상대의 주먹을 방어하며 관절기를 시도할 수 있느냐? 하는 것이다.
참으로 대답하기 어려운 질문이 아닐 수 없다.

만약 내가 그들의 질문에 방권술은 실전이나 대련에 이것을 충분히 사용할 수 있다고 말한다면 그들은 나에게 "그러면 선생님은 왜? 한 번도 대련에서 그것을 사용하지 않으십니까?" 라고 반문할 것이고......
방권술은 실전이나 대련에서 사용할 수 없는 기술이라고 말한다면 지금까지 과거 내가 수련했던 수많은 방권술의 기술들을 부정하는 결과가 오기 때문이다.
여기서 당신에게 언급하고자 하는 것은 초보 무술인들이 가장 궁금하게 여기는 방권술에서의 관절기를 이야기 하고자 한다.

일반적으로 사용되는 방권술에서 그것을 사용하기 위한 조건들을 살펴보자!

첫째 상대가 주먹공격을 할 때까지 기다리는 것이다. 그래야만 상대의 주먹을 방어할 수 있게 되고 그것이 방권술이 된다.
둘째 주먹공격을 확인하여 주먹을 피하며 상대의 주먹을 막은 후 잡는 동작이다.
셋째 잡은 후 팔을 비틀거나 눌러 중심을 흩트리는 동작이 되겠으며 마지막 네 번째가 완전히 제압하는 과정이다.

방어자는 두손을 내리고 편안하게 서고 공격자는 주먹을 칠 준비를 한다.

2

정권지르기를 할 때 언제나 오른
발이 앞으로 나오면서 실시한다.
당신은 좌측으로 빠지면서 오른
손수도로 돌려막기를 한다.

3

손목을 잡으며 비트는 동작을 실시한다.

4

왼발을 일보전진하며
중관절을 밀어 칼넣
기로 제압한다.

5

끝까지 관절을 제압하여 바닥에
쓰러지도록 만든다.

그림2에서 공격자의 발을 보게 되면 대부분의 타격무술에서 나오는 한번 대련, 또는 두 번 대련이나, 무술 도장에서 사용하는 보편적 방권술에 나타나는 현상이다. 이것이 일반적인 방권술의 전형적인 본(本)이다. 우리가 상식적으로 통용되는 가장 당연한 주먹치기는 쉽게 생각하더라도 주먹을 지를때 왼발을 전진하며 오른손을 뻗게 되는데 어째서 방권술의 모든 본(本)은 오른발만이 전진하도록 프로그램 되어 있을까? 과연 어느 누가 실전격투에서 첫 번째 펀치를 오른발과 오른손을 동시에 발사하는 우스꽝스러운 동작을 취할까? 하는 것이다.

더욱이 이러한 동작의 몰아지르기는 동작이 매우 커서 스피드와 파괴력이 떨어지는 것이 사실이다.

게다가 권투의 어퍼컷이나 혹의 공격은 왜? 없는 것이고 오로지 정권지르기만 있는 것일까? 라고 궁금해 했는데......

결국은 그렇게 하는 것이 연무를 펼칠 때 방어하기에 편해서이지 않을까? 라는 결론을 내린 적이 있었다. 또한 공격하는 사람은 기술을 받는 사람이 공격하기 좋도록 언제까지 주먹을 뻗은 채로 가만히 있는다. 어떤때는 주먹을 뻗은 채로 5초 또는 10초가 넘도록 제자리에 얼어붙은 듯 서있기도 한다.

공격하는 사람의 입장에서 본(本)을 만드는 것이 아니라 아이러니 하게도 거꾸로 그것을 받아주는 방어자의 입장에서 기술을 편리하게 구사하도록 되어있는 셈이다.

어찌되었건...... 방권술의 원리는 위의 그림과 같은 원리로 이루어진다.

이러한 과정은 방검술(防劍術) -칼을 들고 공격하는 것을 방어하는 기술- 에서 일어나는 기법과 유사하다.

무술학적으로 볼 때 방권술은 무술에 있어서 빠져서는 안 될 중요한 기법이며 매우 과학적인 기법으로 접근해 있다. 또한 기술의 연무자체도 매우 아름답다. 그러나 일선에서 방권술을 지도하는 지도자가 일괄적인 프로그램으로 이루진 방검술이 아닌 본인 스스로 연구하고 개발하여 좀 더 자신의 개성에 맞는 창조적인 방권술을 만들어 수련해 볼 필요가 있다.

더욱이 젊은 무술인들의 이러한 시도는 방권술 또는 방검술의 기술을 좀 더 혁신적으로 만들어 나가게 된다.

필자 또한 방권술의 기법을 정권지르기에서의 방어뿐만 아니라 현대 감각에 맞도록 혹, 어퍼컷, 원투스트레이트의 펀치에서 사용되는 다양한 각도에서의 공격에 반응할 수 있는 방권술을 나름대로 정립하여 구체화 시키는 작업을 하고 있다.

전통적인 것을 소중히 여겨야 하지만 기술의 개발과 발전이 곧 무술의 발전으로 이어진다고 생각되어 몇 자 적어 보았다.

3. 맞대기 3본(本) 손목비틀기

손목을 비틀어 꺾는 기술이다.

손목비틀기와 칼넣기는 와술에서는 전혀 사용되지 않고 오로지 입식에서만 사용되는 기술이다. 특히 상대가 당신의 멱살을 잡았을 경우 많이 사용되는 기술인데 와술에서 사용되지 못하는 몇 가지 이유가 있다.

손목비틀기는 많은 공간의 확보가 필요하고 커다란 동작이 필요하기 때문에 누워서 기술을 구사할 때 행동의 범위가 좁아 기술을 걸기 수월치 않으며 기술의 테크닉 상, 상대에게 항복을 받아낼 만큼 강력하지 못하다. 그래서 대부분의 와술관절기는 어깨와 목 그리고 중관절이나 발목 같은 인체의 치명상을 줄 수있는 관절기술에 집중되어있다.

공권유술에서도 손목비틀기는 자주 사용하지 않는 기술이지만 무술을 어느정도 하신 분이라면 누구나 이 기술을 알고 있는 일반적인 기술이기에 기습적 관절기에서는 어떻게 사용되는 것이 효과적인지 소개하고자 한다.

1 대치상황

2 오른발을 반보정도
전진하며 왼발킥을
할수있는 자세를 만
든다.

3

접근전을 펼치며 왼발 인사이드 로우킥을 찬다. 이 때 강력한 로우킥보다는 중간정도의 킥을 구사하는 것이 컴비네이션 블루우를 구사하기 편하다. 이 왼발킥은 당신이 최종적으로 사용하게 될 손목비틀기라는 관절기의 전초기술이 된다.

4

왼발킥과 동시에 왼손 정권지르기를 쳐넣는다. 왼손정권지르기로 상대를 KO시켜려고 하는 것이 아니라면 온힘을 다해서 주먹을 뻗을 필요는 없다. 왼발 인사이드킥이나 왼손 정권지르기로는 상대를 한방에 KO시키기 어렵다는 것을 인식하도록 하여야한다. 여기서 당신이 생각해야 할 것은 왼손으로 복부를 노려치던 안면을 치던 상관이 없다. 다만 당신의 왼손 타격점으로 인하여 상대 두 손의 가드는 타격점으로 이동할 확률이 높다는 것을 알아야 한다.

이를테면 왼손으로 안면을 공격할 때 상대의 두 손은 자연스럽게 안면을 방어(guard)하게 된다. 이것은 당연한 인체의 반응이다. 만약 당신이 상대의 복부에 정권지르기를 타격할 때 상대의 두 손이 거꾸로 얼굴쪽으로 올라간다면 그것처럼 이상한 것이 없지 않겠는가?

위의 그림에서는 가슴을 가격한다. 물론 가슴을 가격함으로 상대에게 심장마비를 일으키게 하려하거나 또는 가슴을 움켜쥐고 쓰러져주기를 바래서가 아니라는 것을 잘 알 것이다.

손목비틀기가 어느 위치에서 구사되는 것이 좋은가? 는 당신의 몫이다. 당신의 신체적 조건이나 상대의 신체적 조건에 따라서 기술이 들어가는 각도는 확연히 틀려지기 때문이다.

5

오른손으로 주먹을 낚아챈다. 상대가 어느 정도 무력이 있는 사람이라면 왼손에 이은 원투 스트레이트로 공격해올 것이라고 미리 짐작할 것이다.

당신의 액션 또한 '원투스트레이트 컴비네이션 블로우'와 매우 흡사하게 보인다. 그러나 상대의 예상과는 전혀 다른 관절기를 시도하고 있다. 물론 이때까지 상대는 당신이 어떤 공격을 하는 것인지 전혀 알아채지 못하게 된다.

 6

여기서 당신이 반드시 주의해야 할 사항을 한 가지 알려주겠다.

기습적 관절기는 "상대의 손만을 잡아 꺽는다!"라는 개념이 아니라 당신의 타격기의 범위 안에 관절기는 다만 옵션(option)으로 들어가 있는 보너스(bonus)에 속한다 라고 생각하는 것이 좋다.

그림속의 필자는 상대의 손을 잡는 것이 아니라 낚아채는 동작을 보여주고 있다. 왜? 이러한 동작을 취하게 될까?

왼주먹을 뻗은 후 원투스트레이트의 행동범위에서 오른손이 뻗는 동작의 연속성으로 손을 내밀어 잡는 동작보다 훨씬 빠른 행동을 만들어낼 수 있다. 뿐만아니라 손을 마치 쳐내는 동작과 같아 상대는 자신의 손목을 비틀어 꺽을 것이라는 생각을 미처 하지 못하게 된다.

이것은 단순히 상대의 손을 잡아서 꺽어야지...라는 생각이나 행동과는 확연히 틀리다. 그런 의식속의 행동은 상대가 당신의 수법을 알아차리게 하는 계기(契機)가 되기 때문이다.

오른발을 왼발을 축으로 90도에서 180도 가량을 목표로 회전시키기 시작하는데 왼손을 보조하여 상대의 손목을 잡는다. 앞에서도 언급했다시피 손목비틀기는 동작이 매우 큰 기술 중 하나이다. 이유는 손목을 잡은 이후의 동작이다. 일단 손목낚아채기와 이 동작만 신속히 이루어진다면 손목비틀기의 성공률은 90%이상이라고 말하고 싶다. 몸을 회전시키는 이유는 손목을 비틀어 꺾는 각도를 확보하기 위해서이다. 그렇게 함으로써 상대의 팔꿈치와 어깨의 관절은 팔얾어 비틀기와 같은 완벽한 ∨자를 만들어낼 수 있다.

그림A

상대가 파이팅 포즈를 취했을것이라고 가정한다면 상대는 손바닥을 편 상태가 아닌 주먹을 쥐고 있는 상태가 될 것이다. 당신은 주먹을 감싸잡아야하는데 요령이 필요하다. 당신의 엄지손가락은 상대의 손등 약지손가락의 위치에 놓여지게 만든다. 그리고 중지를 포함한 3개의 손가락은 손바닥의 턱의 위치에 놓여지게 만들어야 한다. 이렇게 함으로써 손을 비틀때 상대의 손목이 효과적으로 뒤틀리게 되는것이다.

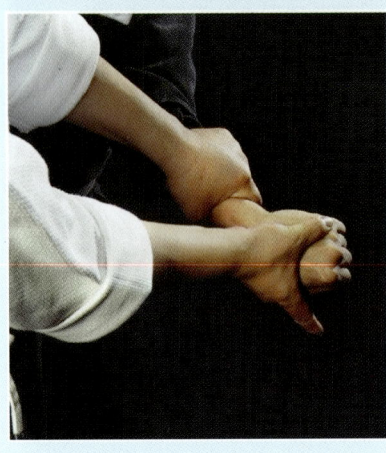

그림B

왼손은 손목을 잡는다. 잡을 때 약간의 요령이 필요하다. 겉에서 보았을 때 사람의 손목뼈는 타원형으로 이루어져 있다. 팔뚝의 뼈가 2개로 이루어져있기 때문이다. 팔꿈치에서부터 2개의 뼈가 꼬이며 손목으로 연결될 때는 가로로 이어지게 된다.
손목이 꺾이는 원리를 잠깐 설명하자면....손목을 비틀게 되면 손목이 돌아갈 것이고, 이에 따라서 팔뚝에 손목과 팔꿈치를 연결하는 막대같은 뼈 2개가 회전하게 된다. 이 뼈가 회전되므로 손목과 팔뚝이 자유롭게 회전할 수 있게 되는 것이다. 그러나 계속해서 손목을 비틀게 되면 2개의 뼈가 비틀려 더 이상 돌아가지 않는 정점에 다다르게 된다. 이 상태에서도 더욱 비틀게 되면 손목을 방어하려는 수단으로 몸이 따라 돌거나 회전하여 바닥에 뉘어지게 된다.
그러니까 손목의 비틀림이 강하면 강할수록 상대가 넘어지는 속도가 빠르게 전개된다는것이다.
사람의 피부에는 유두리가 있기 때문에 어느 정도까지 피부가 움직이게된다. 그러므로 왼손으로 손목을 잡을 때 손목의 안쪽으로 바짝 잡을 필요가 있다. 이렇게 하는 것이 훨씬 강력하고 많은 비틀림을 줄 수 있다.

8

두 손에 힘을 주어 원을 그리듯 상방향
에서 하방향으로 압박을 준다.

9

두 손을 비틀며 잡아 당기고 계속해서 몸을 회전시키면
상대는 바닥으로 쓰러지게 된다. 그림에서는 기술을 받아
주는 자가 멋진 낙법으로 마무리 하지만 실전에는 단순히
굴러 넘어지게 된다. 만약 쓰러지지 않고 버틴다면 손목의
부상으로 이어지기 때문에 신체의 반응은 순간적으로 넘어
지는 방법을 택한다. 이것은 상대가 생각을 하고 안하고
의 의지의 문제가 아니라 신체적 반사신경이다.

10

완전히 메쳐지면 꺾은손을 놓지말고 계
속해서 잡은 채로 바짝 다가선다.

11 와술기로 연계하거나 정권지르기로
마무리한다.

손목비틀기를 성공시킬 경우

1. 손목비틀기의 성공률 여부는 상대가 자신을 잡아주었을 때.
2. 상대와 크린치 상태가 되기 위한 아주 초근접거리.
3. 타격기가 들어간 컴비네이션의 기법을 사용할 때.

　지금까지 설명한 것은 기술 3번에 해당된다.
　만약 그림1에서의 대치상황에서 발차기와 타격기의 기법을 모두 생략하고 오로지 상대의 손목만을 비틀려고 다가간다면 손목비틀기의 기술을 성공시킬 확률은 매우 떨어지게 된다. 그러므로 타격기와 관절기는 서로 뗄래야 뗄 수 없는 불가분(不可分)의 관계로 항상 인식해야한다.

–와술에서는 손목비틀기가 왜? 통용되지 않을까?–

한국뿐만 아니라 세계 대부분의 무술에서 호신술을 익히고 수련하고 있다. 그중에서도 입식에서 상대를 꺽어 제압하는 기법을 첫 번째로 꼽는다.

당신이 무술도장에서 한 두 달 정도 수련했던 인물이라면 그래서 인체의 관절을 꺽는 기술을 배웠다면 손목비틀기의 기술을 접해 보았을 것이다.

한국과 일본의 무술들 중에 입식상태에서 관절기를 대부분 사용하여 제압하는 무술단체들이 상당히 많이 존재한다.

보통 약 3000가지 이상의 입식관절기의 기술이 있다고 추정되는데 그 중 상당부분을 차지하고 있는 기술이 손목비틀기라고 한다면 매우 놀랄 것이다.

어느방향에서 어떤위치에서 기술을 구사하냐에 따라 기술의 개수가 하나씩 늘어날 뿐 손목을 비틀어 꺽는 원리는 모두 한가지의 이치(理致)에서 만들어진다.

다음의 그림을 보자!

손목비틀기가 성립되는 원리

많은 공간의 확보가 가능하다 그러므로 메치기가 가능하다

손목비틀기는 반드시 상대의 꺽이는 손목이 상대의 어깨너머로 과도하게 비틀려 넘어뜨리게 된다.
서있는 상태에서는 손목이 비틀려 상대의 손목에 부상을 유발할 수 없다.
역시 이유는 손목이 꺽이기 전에 상대가 꺽이는 방향으로 넘어지게 되기 때문이다.

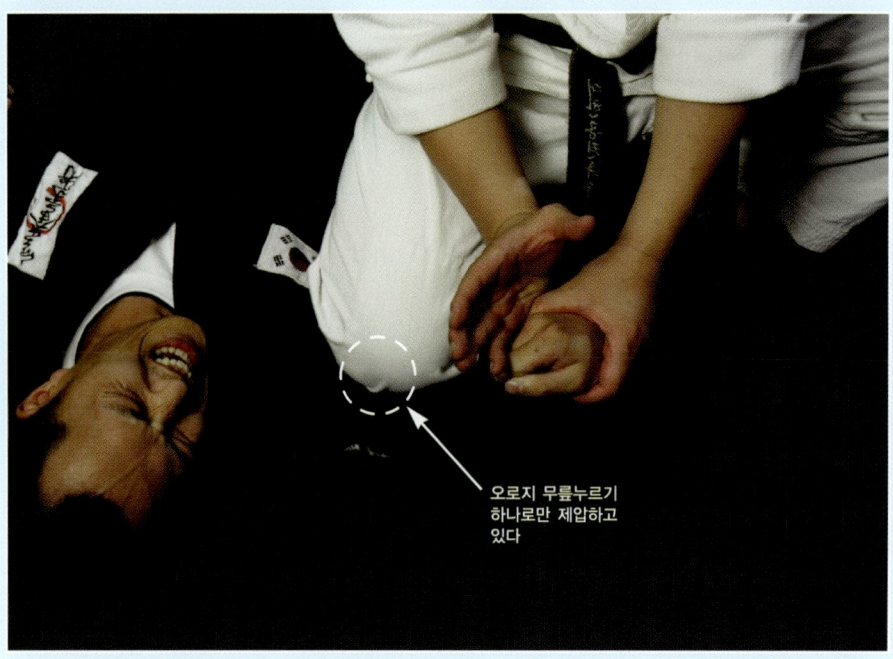

오로지 무릎누르기
하나로만 제압하고
있다

2 만약 누워있는 상대를 꺽기 위해서는 무릎으로 이두근을 제압하고 상대의 팔을 고정
한후에 손목을 계속해서 비틀게 되는데 이 기술에는 상당한 오류가 있다.
왜냐하면 무릎으로 이두근을 눌러 제압하는 동안 기술을 받아주는 사람이 가만히 있
어야 한다는 것이고 누르기가 완전히 배제되어 있는 것이다.
어떻게 이러한 기술이 수 십 년동안 실전에 사용할 수 있다고 생각하며 기술을 연마
했는지 참으로 의아하다.
상대의 몸은 단순히 꺽이는 팔만 무릎으로 눌려져 있어서 몸이 언제나 자유롭게 된다.
무술학적으로는 손목비틀기가 호신술의 철학적의미로 중요한 공부자료가 되지만 실
전에서는 상당한 변수로 인하여 팔이 꺽이지 않게 되는 것이다.

누르기로 제압한 후에 손목비틀기를 실시한다면?

다시 한번 말하지만 와술의 상태에서는 손목비틀기를 하지 말라고 충고하고 싶다.
분명히 말하지만 와술에서 수천가지 관절기가 존재하지만 결코 손목비틀기를 사용하지 않는다.
기술을 몰라서가 아니다. 이론상으로나 기술적으로 손목비틀기는 사실상 불가능하다.

1

(정면위누르기) 와술에서 나오는 누르기 자세
이다. 이 자세는 와술에서 사용되는 누르기 중
최고의 공격력을 자랑한다.
상대가 탈출하기 매우 어려운 자세일 뿐만 아
니라 이 위치에서는 공격자의 행동반경이 매우
넓어 관절기나 조르기 같은 기술과 그밖에 상
대의 안면에 펀치러시(Punch Rush)를 할 수
있는 각도가 충분하기 때문이다.

2

(손목잡기) 팔얽어 비틀기를 하기 위
해서 두 손으로 손목과 손등을 정확히
감싸 잡았다.

3

(비틀기) 팔과 몸을 비틀었지만 배 위에
올라가 있는 이상 손목을 어깨 밑 이하
로 내리며 비틀 수 있는 각도가 나오지
않는다. 뿐만아니라 바닥이라는 제한적
공간 때문에 상대의 팔을 어깨너머로
젖힐수가 없게 된다. 결국 상대를 손목
비틀기로 제압할 수 없게 되는 것이다.

이쯤되면 당신은 느꼈을 것이다. 어째서 기습적 관절기의 손목비틀기에서 기술이 들어간 후에 계속해서 손목비틀기로 이어져 제압하지 않고 주먹치기나 와술기법으로 마무리하려고 하는지를 말이다.

입식에서 사용되는 대부분의 관절기는 와술에서는 통용되지 못하는 것이 대부분이다.

당신이 입식관절기의 귀신이라고 해도 와술을 익히기 위해선 처음부터 다시 와술에서 사용되는 누르기의 원리나 포지션의 싸움, 관절기의 이해 등을 처음부터 다시 공부하고 습득하며 연습해야 한다.

좀 더 실전적인 관절기를 구사하고 싶다면 다음의 경로를 반드시 이해하여야 한다.

타격기 ➡ 접근전 ➡ 메치기 또는 기습적 관절기 ➡ 누르기 ➡ 관절기

위와같이 다섯가지의 경로를 거쳐 하나의 관절기로 상대를 제압할 수 있게 된다. 설사 타격기를 빼고 바로 접근전을 벌여 기술을 연계시킨다고 해도 네가지의 기술구조를 거쳐야 하는 것이다.

필자가 당신에게 이야기 하고 싶은 것을 당신은 벌써 알아 차렸을 것으로 짐작한다.

나의 수련관에 많은 합기도인들이 입문하여 공권유술을 수련하지만 그들은 모두 합기도의 입식관절기를 와식관절기와 비슷하게 생각하는 경향이 두드러진다. 그러나 입식관절기에서 사용되는 기술과 와술식 관절기의 기술을 똑같이 해석하지 말라고 당부드리고 싶다. 뿐만아니라 와술관절기와 입식관절기의 기술적 구조는 완전히 다르게 나타난다는 것을 알아주기 바란다.

공권유술 수련 프로그램에는 상당히 많은 기습적 관절기의 기술을 수련하고 있다. 소개해 드린 기습적 관절기 이외에도 무궁무진(無窮無盡)기술들이 즐비하지만 지면 관계상 이 정도의 소개로 마치기로 하고 다음기회에 기습적 관절기술의 조르기, 메치면서 꺾기나 발목이나 무릎에 대한 제압기술 등과 같은 다양한 기법들로만 따로 엮어서 소개하는 자리를 마련하도록 하겠다.

Part 2

기본타격 컴비네이션

제2장 기본타격 컴비네이션

공권유술에서 사용되는 기본 타격컴비네이션은 모두 15가지의 본으로 구성되어있다.

보통 2가지에서 5가지 정도의 연속기술로 프로그램 되어있는데 오로지 타격으로만 이루어져 있으며 이것을 공권유술에서는 "수기족술의 본(手技足術의 本)" 이라고 일컫는다. 즉, 손과 발을 동시에 사용하여 타격하는 본(本)이라는 뜻이다.

공권유술의 수련생은 기본수기와 족술을 1주일가량 습득한 후 수기족술의 본을 본격적으로 수련하게 된다. 연습의 방법은 매우 다양하다.

1. 코칭미트 치기

가장 일반적인 방법으로 2인 1조로 파트너와 함께 수련하게된다. 한명의 파트너가 코칭미트를 들고 다른 한명은 타켓을 향해 주먹과 발차기를 실시한다. 타이밍을 잡을 수 있고 거리감각과 리듬을 살릴 수 있는 훈련이다. 어느정도 숙달되면 연속기가 끊이지 않고 계속해서 공방을 주고 받을 수 있다.

2. 쉐도우 트레이닝

혼자서 연습하기에는 최고의 기법이다. 거울을 보면서 자신의 수기족술 연습을 한다. 정확한 자세의 교정이 가능하다. 시간이나 장소에 구애받지 않고 파트너가 필요없다. 힘조절이나 몸의 균형감각을 충분히 연습할 수 있다.

3. 샌드백 치기

파괴력을 기를 수 있다.
자신이 가지고 있는
100%힘으로 차기나
치기를 수련할 수 있다.

4. 파트너와함께

파트너에게 직접 가격해본다.
샌드백과는 달리 상대는 움직
이기 때문에 응용력이나 거리
감각을 조절할 능력이 생긴다.
실전대련에 매우 유용한 훈련
법이다.

　공권유술에서는 기본타격을 매우 중요시 여긴다. 손과 발을 이용한 타격이 능통하게 되면 접근전을 쉽게 펼칠수가 있으며 상대를 바닥에 뉘일 찬스도 생긴다. 뿐만 아니라 상대가 유술로 반격을 해 오더라도 타격기로 그것을 방어하며 컨트롤 할수있게 된다.
　접근전이 펼쳐지면 메치기로 이어지고 이어서 와술기가 발동하게 된다.
　많은 이들이 와술기에서도 관절기나 조르기같은 기술을 먼저 배우고자 하는데 이것은 잘못된 생각이다.
　당신이 아무리 와술기의 꺾기와 같은 결정적 기술을 익히고자 해도 상대를 타격하지 못하거나 메치지 못하거나 또는 메쳐서 누르기와 같은 굳히기를 하지 못하면 결정기를 사용하지 못하게 되는 것이다. 한마디로 반쪽자리 기술이 될 공산이 크다.
　이같은 측면에서 보았을 때 기본타격기술이 무술의 실전성에 주는 영향은 매우 크다고 할수있다.

1. 왼손 정권치기 - 오른발 하단차기

1

대치상황

2

왼발 전진하며 왼손 정권지르기를 실시한다. 이를 간파한 상대는 뒤로 물러서거나 블로킹하여 막을수있다. 당신이 뻗는 왼손 잽에 상대가 완전히 KO되길 기대하지 마라! 왼손은 반드시 맞추어 쓰러뜨린다 라는 개념이 아니라 오른발 킥을 넣는 준비동작이다 라고 생각하는 것이 좋다. 상대가 왼손잽으로 공격해 온다면 누구든지 오른손 원투스트레이트를 경계하게 되며 그렇게 믿게 된다. 이로써 하단차기의 경계가 소홀해 지는 것이다.

3

왼손 정권지르기를 한 이후 당신의 왼발은 제자리에서나 혹은 자연스럽게 리듬을 살리며 발차기공격의 스탭으로 전환한다. 이때 왼발에 체중을 싣고 몸을 비틀어 발차기자세를 만들기 시작한다.
당신의 두손의 움직임은 이곳에서 매우 중요하게 작용한다. 당신의 두손은 상대의 공격에 대한 방어를 할수있으며 발차기를 용이하게 하기 위한 움직임으로 작용된다.

4

오른발 하단차기를 실시한다. 완전히 체중을 실어서 강력한 차기를 넣는다. 당신이 처음부터 노린 기술이 하단 아웃사이드 킥이었다. 이 한방의 킥으로 인하여 무릎바깥쪽과 넙적다리에 오는 충격은 대단하다.

조언 한마디

왼손의 공격이후 상대가 적당히 뒤로 물러서 준다면 오른발 킥을 하기 매우 좋은 거리와 각도가 나오게 된다. 이것은 상대의 대퇴부에 강한 충격을 줄수있다. 하지만 상대가 너무 많이 뒤로 물러서거나 왼손펀치를 허용한 이후에도 불구하고 돌석상같이 그 자리에서 꼼짝않고 서있다면 킥을 하기에 매우 좁아 밸런스와 파괴력이 떨어 질 수 밖에 없다. 그러므로 당신 스스로가 거리를 만들어 킥을 하는 습관을 길러야 한다.

처음 왼손의 펀치 이후 상대의 동태를 살펴 거리를 간파하고 재는 훈련을 아울러 해야 한다. 만약 왼손타격 이후에 상대가 접근할 기미가 보인다면 오른발 킥을 하는 순간 외발을 뒤로 약간 물러나게 하면서 킥을 하는 것이다.

로우킥에서는 당신의 두손의 움직임이 매우 중요하다. 상대의 주먹공격을 방어하는 기능과 체중을 실어서 강하게 타격하는 기능을 수행한다. 그러므로 타격이 시작되는 손의 움직임을 반드시 숙련시켜야 한다.

2. 원투치기 - 왼발 상단차기

1

대치상황

2

왼발 전진하며 왼손정권
치기를 실시한다. 만약
상대가 두팔을 올려 가
드를 한다면 가드 위를
타격해도 좋다.

3

원투치기는 왼손과 오른손의 정권지르기가 하
나의 동작으로 동시에 이루어져야 한다. 제2본
의 기술은 얼마만큼 오른손 정권지르기가 정확
히 그리고 빠르게 타격 할 수 있느냐에 달려있
다. 허리를 낮추며 강력한 오른손 몸통정권지
르기를 실시한다. 타켓은 상대의 명치가 된다.

4
오른손 공격을 받은 상대는 두손의 가드가 자연스럽게 내려올 수 있다. 오른발을 전진시키는 것은 강한 왼발차기를 하기 위해서 이기도 하고 상대와의 거리를 정확히 재는 기능을 하기도 한다.

5
왼발 상단차기로 마무리한다.

조언 한마디

예로부터 원투스트레이트를 동반한 '컴비네이션 블루우(combination blow)'를 실전에서의 기법 중 최고로 평가하였다. 또한 그 종류도 다양하고 방법도 많다. 가장 대표적인 기술이 원투스트레이트 이후에 왼발 상단킥이나 오른발 상단킥이 그것이다. 굳이 왼발킥과 오른발킥의 차이점을 이야기한다면 타이밍과 거리의 조절로 들수있다.

예를들어 원투스트레이트 이후에 오른발상단차기를 한다면 정말 전광석화(電光石火)같은 타이밍과 스피드를 만들어낼 수 있다. 이것은 기술의 연계성 때문이다. 예를 들면 원투스트레이트로 공격할 때 언제나 왼발이 앞으로 나가면서 원과 투, 두 번의 스트레이트펀치 동작을 하게 된다. 오른손 공격이 끝났음에도 당신의 오른발을 언제나 왼발보다 뒤에 위치해 있으므로 언제나 빠른 오른발공격이 가능해진다. 그러므로 왼손, 오른손 그리고 오른발의 연속성이 생기게 된다.

그러나 왼발킥은 어떠한가? 원투스트레이트를 하고 난후 왼발이 앞에 위치해 있으므로 제자리에서 바로 킥을 하기 어렵게 된다. 그러므로 왼발을 뒤로 보내는 테크닉을 구사하여 킥을 실시하여야 하는 것이다.

당연히 스피드가 떨어질 수밖에 없다. 그러나 많은 이들이 원투에 이은 왼발상단차기를 실시하고 있다. 그 이유는 상대가 원투스트레이트펀치에 반응하여 뒤로 물러선다는 것이고 오른발을 전진하면 왼발킥을 날릴 수 있는 기막힌 거리와 타이밍을 만들어낼 수 있게 되기 때문이다. 이외에도 발을 바꾸는 동작에서 반템포 느린공격으로 상대의 가드를 밑으로 내려오는 동시에 킥을 구사할 수 있다.

3. 왼발 앞밀어차기 - 오른손 안면치기
- 왼손늑골 올려치기 - 오른발 중단치기

1

대치상황

2

일정한 거리를 두고 있는 대치상황에서
는 왼발을 그대로 들어올려 공격을 하
기엔 거리가 너무 멀어 발차기가 상대
에게 미치지 못하게 된다. 상대와의 거
리를 좁히기 위해선 오른발을 일보 전
진하며 좁히게 된다.

3

왼발 앞밀어차기는 상대에게 특별한
데미지를 주기위한 공격이 아니다.
오히려 이것을 방어의 차원으로 해석
해야 옳을 것이다. 상대의 주먹공격
이나 킥의 공격을 인터셉트하여 도중
에 차단하는 기술이다. 뿐만아니라
밀어차기의 힘의 조절로 상대와의 거
리를 자신이 다음 공격을 할 수 있도
록 유지시키거나 만들수있다.

4

왼발이 지면에 닿는 동시에 오른손을
발사하기 시작한다. 가장 보편적인
공격은 오른손 스트레이트 펀치이다.

5

주먹을 언제나 곧장 일직선으로 뻗어야 한다.
그것이 스트레이트의 기본이며 정권지르기의
기본이다. 스트레이트와 정권지르기는 서로 다
른 기술이지만 매우 유사하다. 뿐만아니라 언
제나 주먹이 가장 빠른 괘도에서 일직선상으로
나간다는 것은 같은 원리이다. 타켓은 상대의
코뼈나 아래턱이 되겠다.

6

스트레이트에서 왼손 늑골 올려치기로의 공격을 변환시킨다. 오른손을 잡아당기며 허리의 비틀림을 극대화 해야 강한 파괴력을 만들어 낼수있다.

7

늑골지르기와 늑골올려치기는 서로 다른 기술이다. 지르기는 주먹이 일직선으로 마치 창으로 찌르듯 공격하는 것이고 올려치기는 말 그대로 어퍼컷(uppercut)을 말한다. 여기서 사용하는것은 늑골치기가 되겠다.
늑골은 가슴부위를 형성하는 활모양의 뼈로 사람의 경우에는 12쌍의 늑골이 있고, 길이는 여러가지이다.
맨 밑 2쌍의 늑골은 짧고 가슴뼈와 연결되지 않고 복근(腹筋) 속에 유리되어 있기 때문에 부동늑골 또는 부늑골이라고 부르는데 갈비뼈 중에 가장 취약한 급소에 해당되므로 이것을 주요 타켓을 삼아 공격하게 된다.

8

정강이 차기를 하기엔 최적의 자세가 된다. 몸을 비틀어 정강이차기를 할 수있는 각도를 만든다.

9

중단차기를 공격한다. 정강이 전체로 공격하는 것이 좋다. 이 공격 한방으로 상대는 마치 쇠몽둥이로 얻어맞는 충격을 받게된다.

조언 한마디

늑골치기는 손으로 타격하는 기술 중 매우 근접거리에서만 사용할 수 있는 기술이다. 그러므로 중단차기를 할 때 정강이부분으로 타격하는 이유는 늑골치기 이후 좁은 거리에서 사용할 수 있는 각도를 만들어내기 위함이다. 만약, 발등이나 족기부분으로 차기를 한다면 발차기를 할 수 있는 각도가 나오지 않게된다. 왜냐하면 이러한 기법은 비교적 장거리에서 사용하도록 일정한 거리를 유지해야 하기 때문이다.

정강이차기는 좁은 공간에서 찰수있는 장점이 있고 파괴력도 상당하다. 왼손으로 오른쪽 늑골을 공격하고 오른발 중단으로 왼쪽 늑골을 공격하게 된다. 밸런스만 유지된다면 오른발 중단킥 이후에 안면을 노린 오른손 스트레이트 펀치로 컴비네이션의 성공률이 매우 높아진다.

4. 왼무릎막기 - 오른손 정권지르기 - 왼발 상단차기

1

대치상황

2

상대가 하단공격을 해올 기미
가 보인다면 당신은 방어할 준
비를 갖추어야한다.
방법은 간단하다. 왼발을 쉽게
들어올리기 위해서 몸의 중심
과 체중을 오른발 쪽으로 이동
시키는 것이다.

3

상대의 하단공격이 시작되었을 때 당신은 왼발을 들어 올려 그것을 방어해야 한다. 반드시 종아리의 옆면이 아닌 정강이의 앞날 뼈 부분으로 막아야 한다.

4

상대의 하단차기 이후에 공격찬스가 생긴다. 하단공격이 실패한 상대는 원래의 상태로 복귀하게 된다. 이때 정강이막기를 실시했던 왼발을 일보전진하며 오른손정권지르기로 카운터를 날린다.

5

왼발차기를 위한 좋은 각도를 만든다.

상대를 왼발상단차기로 마
무리할 수 있다.

조언 한마디

정강이막기를 '로우컷(Low Cut)'이라고 한다. 무술을 오래 수련한 사범들도 일반적으로 그냥 단순히 다리를 올려막는다고 생
각하는 이가 많은데 이렇게 해서는 자칫 큰 낭패를 볼수 있으므로 주의할 필요가 있다.
상대의 로우킥이 날라오는 괘도로 당신의 정강이를 45도 가량 틀어 완전히 정강이뼈 모서리로 컷팅을 해야 한다.
정강이뼈끼리 부딪히게 되면 숙련이 되지 않을 경우 상대의 킥을 방어할 때 통증을 느끼게 되어 정강이의 옆면으로 막는 경
우가 생기게 된다.
이것은 로우킥을 막는것이 아니라 오히려 로우킥에 종아리의 급소를 타격당한 꼴이 되고 만다. 뿐만아니라 이러한 동작으로
극심한 고통과 오랜 휴유증으로 시달리게 된다.
정강이뼈의 단련은 오랜 시간동안 샌드백을 차주어서 단련하는 방법과 병이나 대나무 또는 홍두깨 같은 것으로 문지르거나
두드려주는 방법을 사용하기도 한다.

5. 오른쪽 상단막기 – 왼손 올려치기
– 오른발 하단차기

1

대치상황

2

상대가 왼발 상단차기를
실시하고 있다. 공격을 확
인하고 긴장한다.

3

상대의 왼발 상단차기를 두 손으로
단단히 가드(guard)하여 막는다.

4

막기를 하고 난 이후 상대의 발
이 공중에 떠있는 시기에 타이밍
을 잡아 공격하면 더 좋은 효과
를 얻을 수 있다.

5

상대에게 바짝 접근하여 왼손올려치
기를 한다. 목표는 상대의 턱부분이다.

주먹치기 이후 왼발 하단차기의 공격
을 위하여 상체를 뒤로 이동시켜 좋
은 차기의 각도를 만든다.

발등보다는 정강이로 공격하는 것이
더욱 효과적이다. 하단공격 이후에도
무릎차기나 팔꿈치 공격같은 강력한
기술을 연속하여 사용할수있다.

조언 한마디

상대의 공격에 방어하는 방법 중 가장 좋은 3가지의 책략을 말하라 한다면 다음과 같다.
하책–상대의 공격을 피하는 방법
중책–상대의 공격을 막는방법
상책–상대의 공격에 반응하여 역습하는 방법
대부분의 초급자는 하책에 최선을 다한다.
필자 또한 격투기에 처음입문했을 때 이것이 매우 좋은 방법으로 생각하고 있었다.
많은 초보수련생이 필자의 어린시절같은 생각을 하고 있다는 것을 알았을 때 누구든지 초보자는 오십보 백보
(五十步 百步)라는것을 깨달았다.
초보자에게 어째서 상대의 공격을 피하는것이 가장 좋은 방법인가? 를 질문했는데 그들의 대답은 중책이나 상책은
상대의 공격을 정확히 방어하지 못하면 상대의 킥이나 펀치를 허용할 확률이 높다고 생각하고 있었다. 그러나 어차
피 격투는 어느정도의 타격을 허용해야 기술이 향상되는 무술이다. 상대의 공격을 피하기만 한다면 당신 역시 상대
를 공격하기 어렵게 된다.
다시말해서 피하기는 상대의 공격에 비교적 안전하기는 하지만 이기기는 어렵다는 것이다.
그림3에서 상대의 상단차기를 피하지말고 단단한 디펜스로 가드하여 블로킹하게 되면 이어서 당신의 공격찬스가 생
기게 된다. 상대의 킥 이후에 과감히 전진하여 어퍼컷을 날릴 수 있는 거리까지 공간을 좁혀야 한다.
상대는 발차기 이후에 밸런스가 흐트러질 확률이 높아지며 두손을 올려 가드하는 동시에 상대 또한 당신의 펀치 사
정거리안에 진입하게 된다.

6. 홀려막기 - 왼쪽 무릎차기 - 오른손 정권지르기 - 왼발 상단차기

1

대치상황

2

상대의 왼쪽 정권지르기 공격에 반응하여 오른발을 반보 우측으로 이동시키며 피하기를 실시한다.

3

완전히 공격의 사정권에서 벗어나
왼손으로 컷팅을 하며 흘려막는다.

4

왼손으로는 상대의 손목을 잡고 오른
손으로는 목덜미를 잡는다.

5

오른손을 밑으로 내리며 왼손은 당긴다.
이러한 동작으로 무릎차기를 하기 좋은
각도와 강한 파괴력을 만들어낼 수 있다.
왼쪽 무릎차기를 실시하는데 타켓은 안면
이나 명치부분이 된다.

6

무릎공격이 끝나는 직후에 오른
손 정권지르기를 실시한다.

7

상대의 왼쪽 안면을 타켓으
로 발차기를 날린다.

8

왼발상단차기로 마무
리하여 KO시킨다.

조언 한마디

격투기 기술 중 아무리 강조해도 지나치지 않는 것이 무릎차기의 테크닉이다.

그만큼 무릎차기는 격투무술에서 자주 사용되는 기술이고 실전에 유용하게 사용되어 왔다. 특히 무릎차기는 주로 복부공격에 편중되어 있지만 그것의 파괴력은 말로 표현할 수 없을 정도로 대단하다.

예로부터 정확한 무릎차기의 본(本)에 대한 말들이 많았다. 어떤 이론은 무릎을 15도 각도로 올려차며 무릎의 앞면으로 타격해야 좋은 무릎차기라는 이론이 있는가 하면 상대 몸통의 완전히 옆에서 마치 훅을 날리듯이 무릎차기를 날려 무릎의 옆면만을 사용해 타격하는 것을 특기로 삼아야 한다는 주장 등 각자의 주장이 팽배했다.

무릎차기는 자신의 신체적 조건과 특징, 성격에 따라서 확연히 기술적차이가 나기 때문에 정확한 정답은 없다고 보는 것이 좋다.

만약 당신이 190센티의 장신이라면 단순히 무릎을 밑에서 위로 올리는 동작만으로도 커다란 위협이 될 것이고 만약 아주 작은 단신이라면 플라잉 니킥이나 기습을 노리는 무릎차기가 더 좋을 수 있기 때문이다.

하지만 보편적인 기본동작은 무릎을 45도 각도로 틀면서 복부나 늑골로 파고 들어가듯이 하는 차기가 기본이고 허리를 틀면서 발목을 회전하여 체중을 실어 마치 창을 찌르듯이 비틀어서 차는 기법을 선호한다.

Part 3

제3장

속임수와 페이트모션
(Feint motion)

제3장 속임수와 페인트 모션(Feint motion)

속임수의 기법은 대부분의 스포츠에서 빼놓아서는 안 될 중요한 기술이다.

특히 격투가들에게 있어서 누가 더 페인트 모션(feint motion)과 속임수를 잘 사용하느냐? 에 따라 승패가 결정되며 실력이 좌우된다.

사실상 기본기술은 6개월이면 마스터 되는 것이고 기술의 숙련은 3년이면 능수능란해진다. 이후에는 자신의 스타일이나 신체적 조건 그리고 파괴력과 같은 여러가지 상황에 따라 경기향상능력에 반영되는 것이다.

페인트 모션을 사용하는 기법은 공권유술에서도 매우 다양하다.

왼발로 차려는 척 하다가 오른발로 공격하거나 또는 주먹으로 치려는 모션에서 무릎차기로 상대를 KO시킨다. 이러한 행동은 모든 스포츠에도 통용된다.

축구선수가 공을 드리볼을 해나가면서 상대진영으로 돌파할 때 상대의 가랑이 사이로 공을 통과시켜 돌파하는 것도 속임수의 일종이며 볼을 왼쪽으로 몰고가려 하다가 오른쪽으로 몰면서 돌파하는 것도 결국 페인트 모션(feint motion)이라고 할수있다.

야구시합에서 투수가 타자에게 빠른 직구로 공을 던지다가 느린 커브를 던져 타자의 타이밍을 빼앗는 것도 분명 속임수이며 스트라이크존으로 볼이 들어오다가 변화를 일으켜 타자에게 헛스윙을 유도하는 것 또한 분명한 속임수이다.

이것은 축구나 야구에서 뿐만 아니라 테니스, 농구, 배구 등등... 대부분의 스포츠에서 통용된다. 역시 권투나 레슬링, 씨름이나 유도와 같은 격기종목에서도 반드시 포함된다.

역시 공권유술에서도 속임수는 매우 중요한 요소를 차지한다.

공권유술의 '페인트모션(feint motion)'은 메치기에 대한 페인팅과 관절기술에 대한 페인팅 테크닉도 매우 효과적으로 사용된다.

예를들면 주먹치기를 하려는 모션에서 업어치기로 전개를 하거나 안다리후리기의 모션에서 상단킥을 먹여 그 자리에서 KO로 끝내버리는 페인팅이 있는가 하면 와술에서 관절기와 조르기가 숨막히게 연계되며 상대를 속여넘기는 페인트 모션이 즐비하다.

이번장에서는 손과 발을 이용한 타격에 대한 '페인트 모션기법(feint motion)'을 소개하고자 한다.

I. 정권지르기모션 - 늑골치기

-정권지르기모션-

　당신의 시선은 상대의 눈을 주시한다. 왼발이 전진하며 커다란 모션으로 정권지르기 자세를 취한다. 이때 당신의 표정의 변화가 매우 중요하다. 소리를 내거나 인상을 써서 강력한 공격을 할 것이라는 것을 상대에게 미리 암시를 준다.

　주먹이 상대의 얼굴 가까이까지 근접해야 상대가 자기도 모르게 반사신경이 발동하여 두손을 올려 가드 (Guard)하게 된다. 당신은 처음부터 상대의 늑골이나 옆구리를 공격할 심산이었으므로 상대의 가드위를 때려서는 안 된다.
　모든 동작을 순간적으로 멈추는 것이다. 여기서 가장 중요한 요소는 공격할 때 몸의 뒤틀림이 왼손으로 늑골을 치기 좋도록 밸런스를 만들어야 한다는 것이다.
　즉, 오른주먹을 뻗으려는 순간 몸을 왼쪽으로 기울여 상대의 늑골을 공격하기 좋은 각도를 만들며 체중을 실어 공격할 수 있는 균형을 갖추는 것이다.
　허리의 비틀림을 유도한다면 폭팔적인 펀치력을 만들어 낼 수 있게 된다.

ㅡㅡ늑골치기ㅡㅡ

엄밀히 따지면 2가지의 동작으로 인식되겠지만 사실은 이 모든 동작을 한가지의 동작으로 소화해야 한다. 그렇게 해야만 왼손의 펀치에 체중을 실을 수가 있으며 상대를 완벽하게 속일수가 있게 된다.

다시한번 강조하지만 오른주먹을 내 뻗는 동작에서 당신은 좌측으로 몸을 기울여 상대의 우측늑골을 공격하기 유리한 각도를 만들어야 한다.

상대가 늑골에 치명적으로 타격을 입는 것은 두손을 올려 가드하면서 안면방어에 온 정신이 쏠려 있어 몸통에 대한 반사적 작용이 일어나지 않았기 때문이다.

완전한 무방비의 상태에서 주먹공격을 허용한 것이다.

상대가 당신의 펀치에 맞고 KO된다고 의아해 할 것은 없다. 또는 당신의 펀치가 강해졌다고 놀라워하지 않아도 된다. 상대가 KO된다는 것은 당연한 결과이다.

만약 상대가 처음부터 늑골의 공격을 예상했더라면 설사 당신이 발휘하는 최고의 위력으로 공격을 하더라도 상대는 KO되지 않는다.

복근에 힘을 주는 것과 안 주는 것의 차이점이기도 하고 무방비상태와 상대가 대비태세를 갖춘 상태에서의 복부허용의 차이점이기도 하다.

만약 이 기술을 컴비네이션으로 사용하려 한다면 로우킥을 권유한다. 늑골치기와 이어지는 최상의 컴비네이션 테크닉은 로우킥이기 때문이다. 상대는 안면에서 몸통으로 이어지는 공격에 당황하고 이어서 강력한 왼발 로우킥에 사실상 전의를 상실하게 된다.

특히 왼발로우킥은 상대의 우측에서 비스듬하게 킥을 차게 된다.

이 각도는 무릎안쪽을 타격하는 괘도가 나오게 되는데 같은 힘으로 똑같이 로우킥을 허용하더라도 앞면과 뒷면 그리고 옆면이 받는 충격의 강도는 완전히 다르다. 그러한 면에서 특히 무릎의 바로 옆면의 타켓은 급소에 해당되며 한방의 로우킥으로도 커다란 데미지를 안겨주기에 충분하다.

-연결동작-

1

대치상황

2

일보전진하며 액션을
취한다.

3

가드 위에서 주먹을 멈춘다.

4

오른주먹에서 왼주먹으로
동작을 이동시킨다.

5

늑골을 공격한다.

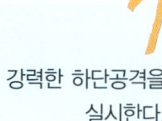

6

하단차기를 하기 위하여 무릎을
접으며 중심을 뒤에 둔다.

7

강력한 하단공격을
실시한다.

2. 발차기모션 - 하단차기

-하단차기모션-

　상대방과의 대결에서 서로의 공방이 없는 팽팽한 긴장감 속에서 사용되는 페인트 모션이다. 매우 간편하며 효과 또한 극대화로 높일 수 있다.

　또한 가장 기본적인 속임수이며 상대의 반응을 살필 수 있는 좋은 테크닉이다.

　왼발을 살짝 구른다는 느낌으로 제자리에서 무릎을 이용하여 발차기 액션을 취한다.

　이때 손을 발차기 동작과 함께 모션을 취하면 더욱 효과적이다.

　미들킥을 한다는 전제로 발차기 모션을 잡는데 다만 골반과 무릎 그리고 허리만을 이용하여 발차기 모션을 재빠르게 잡는것이다.

　당신이 차고자 하는 발의 끝이 지면과 떨어져서는 곤란하다. 그리고 일단 발차기 모션을 하고 난 이후에 재빨리 처음 자세로 돌아와야 한다.

　당신의 모션에 상대는 반응을 하게 된다. 뒤로 물러선다던지 아니면 로우컷을 사용하여 방어를 하려 한다던지 또는 놀라서 '움찔'하는 모습들이다.

　그와 동시에 이번에는 페인트 모션이 아닌 강력한 로우킥을 차 넣는다.

　즉 첫 번째는 속임수였으면 두 번째는 진짜 공격이 되는 것이다.

　속임수와 진짜 공격의 시간차는 극히 짧아야 한다.

　또한 보다 강력한 킥을 차 넣는 것이 유리하다.

-오른발 아웃사이드 킥-

　만약 상대가 전혀 예상치 못한 공격으로 로우킥을 허용한다면 상당한 데미지를 입는 것은 두 말할 필요가 없다. 뿐만아니라 이러한 컴비네이션은 많은 무술가에게 교과서와 같은 정석으로 자리매김하고 있다.

　어느정도 경력을 동반한 파이터들은 상대의 간단한 공격동작에도 민감한 반응을 하게 된다. 그런것들은 모두 훈련을 통해서 익혀지는 반사신경이다.

　만약 당신의 킥모션에 상대가 로우킥을 해올 것이라고 순간적으로 판단한다면 왼발을 올려 정강이 막기인 '로우컷(Low Cut)'을 실시하는 것이다. 그렇다면, 이후 당신의 로우킥은 차단당하고 만다.

　이러한 것에 대비하여 페인팅으로 상대보다 한수 위의 두뇌싸움으로 게임을 풀어나간다.

　보편적인 생각에 허를 찌르는 것이 지금 소개하는 역모션의 페인팅기법이다.

　당신의 킥에 반응하여 로우컷을 하고 이내금 속임수라고 깨달았을 때, 그래서 들어 올린 다리를 제자리로 전환할 때 이번에는 정말로 강력한 로우킥을 차 넣어 상대의 허를 찌르는것이다.

　아주 짧은 공격모션으로 상대에게 커다란 방어동작을 만들게 한 후 공격하는 단순한 패턴이지만 매우 효과적이고 단순한 기술법이다.

　굳이 로우킥이 아니더라도 하이킥의 공격이나 오른발이 아닌 왼발의 기습적인 공격도 좋은 예가 될것이다.

-연결동작-

1
대치상황

2
발을 살짝 구르며 킥을
하려는 모션을 취한다.

3
상대가 이에 반응하여 깜짝 놀
라거나 방어를 하게 된다.

4

당신은 아주 짧은 예비
동작이었으므로 재빨리
제자리로 원상복귀한다.

5

상대가 처음의 자세로 돌아가는 순간을 노린다.

6

타이밍을 잡아서 다시
로우킥을 시도한다.

7

강력한 오른발 로우킥을
넣는다.

3. 하단차기모션 - 안다리 쓸어차기

하단차기모션에서 상대가 정강이 막기를 실시한다

매우 효과적인 페인팅 테크닉 중 하나이다. 이른바 시간차 공격의 한 일종이다.

공권유술에서는 쓸어차기라는 용어를 사용한다.

일반 로우킥과 같이 똑같은 거리에서 킥을 한다면 상대가 방어하는 정강이의 밑둥에 걸릴 공산이 크다. 그러므로 당신이 생각한 거리보다 언제나 반보 정도 더 앞으로 전진하며 차기를 실시해야 한다. 왼발의 디딤발을 좀더 낮추고 약간 구부리며 릴렉스한 몸의 상태를 만드는 것이 중요하다.

초보자는 이 기술을 사용하기 위하여 발차기의 속도를 느리게 하여 마치 슬로우모션을 보는 것처럼 공격하게 되는데 초보자에게는 이런 공격이 기술을 숙련시키는 한 방법이기는 하나 이는 실전에서 파괴력을 떨어뜨릴수도 있다.

발차기를 하는 속도는 오히려 일반 하단차기보다 빠르게 그리고 강하게 차면 더욱 치명적인 공격이 될수있다.

다만 발차기 타이밍에서 동작을 매우 빠르게 하여 상대가 미리 정강이 막기를 하도록 유도하는 것이다.

좀더 효과적으로 공격하기 위해서는 로우킥을 하는 모션을 강하게 잡는다. 그리고 차기를 하려는 순간 잠깐 멈추는 듯한 느낌을 갖는다. 그렇다고 정말로 발차기를 완전히 멈추어서는 안된다. 단순히 상대의 정강이 막기를 확인하는 차원에서이다.

　당신의 시선은 상대의 왼발 아웃사이드 타켓을 주시한다.

　여기서 한 가지 주의해야할 점은 당신의 오른발 킥은 상대의 왼발 타켓의 근처까지 가지말라는 것이다. 단순히 로우킥을 하는듯한 모션만을 잡는다.

　당신이 정말로 로우킥을 공격하려 한다는 믿음을 갖도록 상대를 완전히 속이는 것이다.

-오금 쓸어차기-

　당신의 킥모션에 반응하여 상대는 정강이막기 '로우컷(Low Cut)' 으로 방어하게 된다.

　상대가 완전히 다리를 들어올려 정강이 막기를 하는 타이밍에서 발밑으로 인사이드킥을 차 넣는 기술이다. 마치 투수가 빠른 직구를 계속해서 던지다가 갑자기 각도 큰 변화구를 던지는 것과 같은 이치다. 타자는 빠른 볼에 타이밍을 맞추려 하다가 느린공을 상대함으로써 공이 목표지점까지 도달하기 전에 야구방망이를 휘두르고 마는 것과 같다. 무릎의 안쪽은 급소가 자리잡고 있는 임팩트 존(impact zone)이다. 그러므로 이곳을 예상치 못하게 타격당하면 그 충격은 대단하다. 기술이 성공하여 상대가 바닥에 쓰러지면 묘한 쾌감을 느낄수있다. 이것은 상대를 속였다는 생각과 상대보다 머리싸움에서 한 수 앞서간다고 느껴지기 때문일 것이다.

　로우킥에 대한 강약을 조절하면 상대는 혼란에 빠지게 된다. 이후 상단차기나 무릎차기와 같은 다양한 공격을 구사한다면 더 좋은 결과를 낼수있다.

　태권도의 앞돌려차기처럼 끊어차는 식으로 발차기를 하여서는 곤란하다. 체중을 실은 당신의 발은 마치 야구방망이를 휘두르는 것처럼 완벽한 360도의 회전력으로 차기를 실시한다. 상대가 당신의 킥에 타격을 입는 순간에도 당신의 발차기는 멈추어서는 안 된다. 당신의 킥이 멈추는 순간은 아마도 상대가 당신의 킥에 의하여 바닥에 나동그라질 때가 될 것이다.

-연결동작-

1

대치상황

2

일반 하단차기보다
반보 더들어가며
하단차기모션을 잡
는다.

3

이에 반응하여 상대는 정강이
막기를 실시할 것이다. 순간 동
작을 반템포 늦춘다는 느낌으
로 살리고 일발 하단발차기의
괘적보다 더욱 낮게 발차기를
시도한다.

4

들려진 왼발의 밑을 통과
하여 오른발 인사이드킥을
한다.

5

쓸어차기를 실시하여
완전히 바닥에 넘어
뜨릴 수 있다.

4. 하단차기모션 - 상단차기

-하단차기모션-

대표적인 속임수 기술 중 하나이다.

만약 당신이 이 기술을 완전히 습득하여 전문가가 된다면 당신의 발차기를 쉽게 방어하기는 어렵게 될 것이다. 그만큼 대단한 무기를 손에 쥔 것과 같다.

이 기술로 상대를 한방에 KO시키기는 어렵지만 한판의 시합에서 상대는 속수무책이 될 때가 많다.

처음 킥을 할 때 마치 하단공격을 하는 듯한 모션을 취하며 사실상 하단쪽으로 킥을 실시한다. 그 이후 골반과 허리의 탄력을 이용하여 상단차기로 급선회하여 상대의 경동맥이나 관자놀이와 같은 급소를 공격하는 것이다.

당신이 공격하고자 하는 것은 상대의 안면부위가 되겠지만 다른 속임수를 사용하는 기술과 마찬가지로 처음에는 상대의 하체쪽으로 시선을 옮겨가야 한다.

언뜻보면 브라질리안 킥으로 착각하기 쉽지만 그것과는 다른 모션에 속한다.

브라질리안 킥은 상대가 킥을 방어하기 위하여 두손으로 가드하는 타이밍을 빼앗아 차기를 실시하는 기술이지만 이 기술은 하단을 차려는 것처럼 하면서 상단 하이킥을 실시한다. 당신의 시선은 오로지 상대의 하단에 집중하며 처음부터 당신의 시선은 상대의 왼쪽 아웃사이드킥이 타켓포인트에 집중한다. 킥 역시 하단차기를 하는듯한 액션을 한다. 이것으로 상대는 하단차기의 방어에 집중하게 된다.

-상단차기-

상대는 하단을 방어하려 정강이 막기를 실시하려다가 상단을 허용하고 만다.

정말 기막힌 속임수가 아닐 수 없다.

하단차기에서 상단차기로 변환하며 킥을 구사하는 방법은 크게 2가지가 있다.

첫 번째는 하단차기를 하지 말고 무릎을 구부린채로 하단차기 모션을 하면서 급격히 상대의 안면으로 발차기 괘도를 옮겨 킥을 구사하는 방법이다. 이것은 원모션으로 동작이 이루어지며 강한 파괴력을 동반할 수 있지만 기술이나 경험이 부족하면 상대가 속아주지 않을 경우가 많다.

두 번째로는 하단차기를 완전히 실시하면서 상대의 정강이에 발이 닿으려는 순간 발차기를 거두어 들이면서 변환하여 다시 상단차기를 이어지게 하는 방법이다.

이것은 투모션으로 동작이 이루어지는데 상대를 완전히 속일 수 있다는 장점이 있는 대신 기술적인 노력이 없다면 파괴력이 다소 떨어질 수 있다는 단점도 있다.

이번 기술은 두 번째 방법을 기술(記述)한 것이다.

이 기술(技術)에서 가장 주목해야 할 기술적인 요인은 무릎과 허리의 탄력을 이용한다는 것이다. 다리에 힘을 주는 것보다 자연스럽게 힘을 빼고 오로지 무릎의 탄력을 이용한다면 마치 발을 회초리를 휘두르는 것 같은 효과를 가져 올 수 있다.

하단차기에서 상단차기로 변환될 때 무릎이 일정한 높이에 다다르면 무릎을 가라앉히고 허리를 틀면서 발차기를 실시해야 멋진 폼과 파괴력을 얻을 수 있다.

하단에서 상단으로 이어지는 발차기는 자연스러워야 한다. 오로지 무릎만을 사용하면 경박스럽게 보인다. 또한 하단에서 마치 다리를 터는 듯한 모션을 하게 되는 경우가 많은데 이렇게 해서는 상대가 속아주지 않을 뿐아니라 터는 듯 한 동작에서 반격을 당해 낭패를 볼 수 있다.

-연결동작-

1

대치상황

2

일보전진하며 발차기를
실시하는데 오른발의
엄지발가락을 바닥에
끌며서 동작을 취한다.

3

실제로 하단차기를 하는 것
처럼 무릎이 하단쪽을 향하
면서 발차기를 실시한다.

4

상대는 이에 반응하여 정강이
막기를 실시한다.

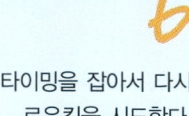

정강이위에 차기를 하지 말고 곧바로 발을 접어 상단차기
를 할 수 있는 탄력을 얻는다. 이때 당신의 무릎은 가만히
고정되어 있고 오로지 발만 원위치를 하는 것이다.

6

타이밍을 잡아서 다시
로우킥을 시도한다.

7

발등을 아래쪽에서 위쪽으로
급선회를 하며 상단차기를
실시한다.

5. 앞차기모션 – 상단차기

-앞차기모션-

　　발차기의 페인트 모션 중 가장 빠르다고 할수있다.

　　사실 이것을 속임수 발차기의 범주에 넣어야 할지 말아야 할지 애매하기도하지만 상대의 입장에서 볼 때 분명 앞차기의 궤도에서 급격히 상단차기로 변형되어 킥이 날아오기 때문에 여간 당황스러운 것이 아니다. 실제로 이러한 킥을 허용하여 데미지를 입는 경우가 사실상 상당히 많다.

　　무릎을 처음부터 완전히 접어 앞차기를 하려는 모션을 잡고 실제로 앞차기를 실시하는 것처럼 보여야 한다. 그러나 무릎만 앞으로 내보내고 발차기를 실시해서는 안된다.

　　만약 정지상태로 본다면 다리만 뻗으면 바로 앞차기가 되는 현상이다. 상대가 앞차기에 대한 방어를 시작하려는 순간 몸을 급격히 비틀며 하이킥으로 급선회 한다.

　　언뜻보면 두 가지의 동작같지만 사실은 한가지의 동작이다. 단순히 상단차기를 하는 동작을 상대의 옆에서 실시하지 않고 정면에서 앞차기궤도를 놓고 차기를 실시하는 것이다. 일단 무릎을 정면으로 내보내면 상대가 앞차기가 아니라는 것을 알아차렸다 하더라도 미들킥과 로우킥 그리고 하이킥 등의 공격을 어떻게 어느방향으로 공격할 것인지 매우 아리송한 상태가 된다.

─상단 후려차기─

디딤발의 뒤꿈치를 들고 앞꿈치로만 중심을 지탱한다. 킥을 실시하는 순간 발목을 돌려 허리의 유연성을 필요로 하는 것을 골반의 유연성으로 보조한다.

상체를 약간 뒤로 젖히면서 킥을 한다면 좁은 각도에서도 킥이 가능하다. 이어서 발차기에 이은 펀치의 컴비네이션 블로우(Combination blow)를 가미 한다면 금상첨화(錦上添花)가 아닐 수 없을 것이다.

이와같은 발차기를 특기로 삼는 격투가는 상당히 많다. 무릎을 정면으로 올린상태가 되면 상대는 앞차기를 할지 앞돌려차기를 할지에 대해서 상당한 혼란을 가져온다. 뿐만아니라 앞돌려차기에서도 로우킥이나 하이킥 또는 미들킥의 방향조차도 예측할 수 없는 경우가 생기게 된다. 만약 킥에 체중을 정확히 실을수 있는 테크닉을 익힌다면 실전에서 매우 유용하게 사용할 수 있다.

킥에 더욱 많은 체중을 실을 수 있는 방법중의 하나는 발차기를 실시하는 순간 360도의 회전력을 이용하여 위에서 아래로 또는 수평으로 다리를 '롱 스윙 (long Swing)' 시키는 것이다.

-연결동작-

대치상황

2

왼발을 전진하며 앞차
기와 같은 동작으로
모션을 실시한다.

3

상대는 앞차기 방어에
대한 쳐내기를 실시하게
된다.

4

무릎을 밑으로 가라앉히며
발등을 상단쪽으로 각도를
바꾸기 시작한다.

상체를 뒤로 약간 젖히며 골반을 틀어 킥을 할수
있는 공간과 각도를 만든다.

6

몸을 비틀어 힘을 축적
하고 타겟을 확인한다.

7

강력한 상단차기를
넣는다.

6. 중단차기모션 – 정권지르기

-중단차기모션-

처음 중단차기 모션을 상대에게 선보일때 미리부터 정권지르기의 동작을 염두에 두어야 한다. 즉, 발차기이
후에 주먹치기를 하기 쉽도록 몸의 자세를 교정해야 한다.

이 기술에서는 몸통의 주먹공격보다 안면의 공격을 시도할 때 훨씬 성공률이 높다. 그러므로 발차기 모션
이후에 안면공격을 추천한다.

중단킥의 모션에서 정권지르기의 동작으로 변환하기 위해선 기습적인 공격을 감행해야 하며 공격을 한다는
것을 상대에게 인식시키는 작전이 중요하다.

우선 느닷없이 돌출 된 행동이 필요하다.

전혀 발차기의 타이밍이나 공격의 타이밍이 아님에도 불구하고 기습적으로 중단차기 할 것 같은 과격한 액
션을 취한다.

어느정도 상대의 사정거리에서 벗어났다고 생각한 상대는 이에 당황하여 기습적인 공격에 급히 중단킥에
대한 방어를 실시하게 된다.

첫 번째 페이팅모션에서 당신의 중단킥이 상대의 옆구리에 타격되는 발차기의 궤도를 절반이상 넘어가서는
곤란하다. 당신의 중단차기가 상대와 가까울수록 주먹공격에 대한 스피드는 반으로 느려지게 된다.

발차기의 모션이 시작되는 순간 발차기는 정지되고 다음 동작을 실시해야 한다.

-정권지르기-

미들킥을 하는 순간 발차기를 거두어들이면서 오른손 스트레이트 펀치를 상대의 안면에 넣는다.

만약 상대가 당신의 킥에 반응하여 뒤로 물러선다면 당신의 스트레이트 펀치가 상대의 안면에 도달하지 못하게 된다. 그러므로 킥의 디딤발인 왼발을 상대에게로 깡총뛰며 접근하여 펀치를 날린다.

좀더 당신의 펀치력을 높여 상대에게 데미지를 가중시키기 위해서는 킥을 거두어 들이는 순간 오히려 그 발을 당신의 뒤쪽으로 마치 뒷차기를 하듯이 보내야 하며 동시에 펀치를 내 뻗는다.

미들킥에서 정권지르기를 이어지는 가장 좋은 각도는 당신이 미들킥을 하는 순간 상대가 당신의 킥을 잡아 넘기거나 역공을 하려는 순간이다. 상대가 당신의 미들킥을 잡을 거리가 된다면 당신 또한 당신의 펀치로 상대의 안면을 공격할 수 있는 거리가 되기 때문이다. 발과 손을 하나의 컴비네이션으로 생각하고 마치 한 동작처럼 연출해야 한다.

-연결동작-

대치상황

일보 전진하며 미들킥
을 하는 것처럼 액션을
취한다.

어느 정도의 중단차기 괘
적에 다다르면 순간적으로
발차기를 멈춘다.

4

킥을 하려는 발차기를 뒤쪽
으로 보내면서 오른손 주먹
을 발사시킨다. 상대는 이미
하단이나 중단차기의 방어
신경을 쓰고 있다.

5

당신의 몸을 앞으로 튕겨나
가듯 하면서 안면에 명중시
킨다. 상대는 전혀 예측할
수 없는 공격으로 더욱 큰
충격을 받게 된다.

7. 중단 앞차기모션 – 상단 앞밀어차기

-앞차기모션-

죽창으로 찌르듯이 정면에서 파고들어가는 각도의 정통형 앞차기보다 밑에서 위로 올라가는 앞차기의 모양에서 갑자기 상단으로 변환되는 기법이 훨씬 성공률이 높고 자연스럽다. 왜냐하면 이러한 동작이 무릎을 급격히 구부릴 수 있도록 컨트롤이 가능하며 상단공격으로 인한 급격한 변화가 자연스럽게 이루어지기 때문이다.

이 기술의 성공요인은 처음 앞차기를 실시할 때 상대의 아랫배를 노리고 발차기를 구사한다는 것이다. 이것이 명치같은 완전한 중단의 공격보다 훨씬 효과적이다. 결국 당신이 노리는것은 중단차기에 의한 앞차기의 데미지가 아니라 상단차기에 의한 앞차기 안면공격으므로 어떻게 하면 처음부터 효과적인 페인팅으로 앞차기를 성공시킬까를 생각해야 한다.

상대편에서 볼때 밑에서 위로 파고들어가는 앞차기는 매우 방어하기 쉽다. 그러므로 상대는 팔뚝으로 위에서 아랫방향으로 막으며 역공으로 하단차기와 같은 공격을 시도하게 된다. 오히려 이것이 당신에게는 더없는 속임수를 쓸수있는 찬스가 된다.

앞차기를 쳐내려고 하는 순간 당신의 발은 급격히 발을 거두어 들여 무릎이 완전히 굽혀진 자세를 만든다. 그 이후 족기부분으로 상대의 안면을 강력하게 공격할 수 있다.

-상단 앞밀어차기-

 앞차기의 모션에서 상단 앞밀어차기로의 변환은 상대로 하여금 대단한 혼란을 가져온다. 뿐만아니라 이러한 킥을 방어하기란 사실상 매우 어렵다. 열 번의 기술시도를 한다면 그 중 아홉은 성공시킬 확률이 높다. 설사 상대가 앞밀어차기로 공격을 해올 것이라고 짐작했더라도 번번히 안면을 상대의 발차기에 내주어야 할 때가 많다.

 상대의 입장에서 볼 때 여간 곤욕스러운 것이 아니다.

 이 기술을 잘 숙련시킨다면 상대가 당신을 이기기는 쉽지 않을 것이다.

 빠른 직선공격의 앞차기에서 그것을 거두어 들이는 과정은 매우 부드럽고 원형을 이룬다. 예를들면 마치 당신의 발이 물레방아를 돌리는 듯한 모습과 흡사하다.

 직선운동에서 원형운동으로 변형되고 다시 직선운동으로 안면을 타격하는 원리이다.

 타격포인트는 발의 앞축인 족기 또는 발의 뒤꿈치에 해당하는 족두를 사용하여 공격할수있다 하지만 발바닥으로 타격하는 것은 상대에게 데미지를 주지 못하므로 권장할만한 사항은 못된다.

-연결동작-

대치상황

2

일보전진하며 상대의 하복부를 타켓
으로 앞차기 모션을 취한다.

3

상대가 쳐내기를 실시
하는 순간 발차기를
멈춘다.

4

앞차기의 모션을 무릎을 사용하여 다시 거두어 들이는데 상대의 팔이 걸리지 않도록 고려한다.

5

좁은 공간에서의 상단 밀어차기라면 당신의 허벅지가 가슴에 닿도록 좁은 공간을 이용하고 원을 그리며 발바닥은 상대의 안면을 향하게 된다. 이때 당신의 무릎은 흔들리지 않고 고정한 채 오직 발만 움직여야 하며 상대의 안면을 향하여 상단앞차기를 실시한다.

8. 발다리 내려차기모션 - 상단차기

-바깥다리 내려찍기모션-

　그동안 소개된 기술과는 다른면이 있다.

　일반적인 페인팅 발차기는 하단에서 상단으로 이동되면 공격을 하는 패턴을 가지고 있다. 그러나 이 기술은 완전히 다르다.

　상대의 오른편에서 받다리 내려찍기 공격을 시도하는 모션에서 급격히 변화되어 반대편인 왼쪽 안면을 타격하는 기술이다.

　차기를 하는 다리는 다음기술을 고려하여 무릎을 완전히 펴지말고 느슨하게 만든다.

　또한 바깥쪽 내려차기처럼 상대를 믿게 하기 위해서는 사실상 바깥쪽 내려차기를 하는 발차기 괘도를 확실히 해야한다. 하지만 정말로 바깥쪽 내려차기를 하는 것이 아니므로 다음기술을 사용하기 좋도록 고려해야한다. 완전히 무릎을 펴지말고 느슨하게 하여 약간 엉성한 자세를 만드는 것이 좋다. 이렇게 한다면 무릎에 탄력이 생겨 다음 기술로 쉽게 연계할 수 있다.

　이것을 방어하기 위하여 상대는 두손을 사용하여 막기를 실시할 것이다. 이때 반대편 안면은 완전히 무방비가 되어 공격찬스가 만들어진다.

　매우 어려운 기술 중의 하나지만 당신이 블랙벨트의 소유자이고 오랜시간동안 무술에 정진해온 사람이라면 한번쯤은 짚고 넘어갈 만한 기술이다.

—상단차기—

오직 골반과 무릎의 유연성 및 탄력으로 기술을 만들어낸다.

상당한 유연성을 필요로 하지만 어느정도의 훈련으로 기술을 완성시킬수있다.

다만 한가지 단점을 이야기 한다면 파괴력이 약한것이 단점으로 작용된다.

기술의 습득하는 사람에 따라 힘과 파괴력이 틀리게 작용되겠지만 허리의 힘을 잘 살릴 수 있다면 상대에게 충분한 데미지를 줄 수도 있다. 뿐만아니라 손의 타격기술이나 잡기로 이어지는 컴비네이션을 적절히 이용하면 한 판의 시합에서 좋은 성과를 만들어낼 수 있는 기술이기도 하다.

-연결동작-

1

대치상황

2

일보전진하며 받다리 내려차기모션을 취한다.

3

마치 내려차기를 하려는 것처럼 믿게하기 위해서는 받다리 내려차기의 정확한 발차기 괘도를 만들어야 한다.

4

상대가 내려차기를 방어하려는 순간
발을 더 이상 상단으로 올리지 말고
순간적으로 멈춘다.

5

발을 밑으로 떨어뜨리기 시작한
다. 여기서 무릎의 탄력이 매우
중요한 요소가 된다.

6

무릎의 탄력을 이용하여 당신의
발을 반대편으로 이동시킨다.

7
허리와 골반을 이용하여 상단
킥을 사용할 수 있도록 각도를
만들며 체중을 이동시킨다.

8
몸을 비틀어 힘을 축적하여
파괴력을 증대시킨다.

9
방어가 허술한 안면을 타격한다.

9. 앞차기모션 – 옆차기

–앞차기모션–

　앞차기의 모션에서 발이 앞으로 보내는 동작은 옆차기를 매우 힘들게 한다. 그러므로 무릎을 이용한 앞차기의 페인팅모션으로 상대를 속일 필요가 있다. 첫 번째 다리는 들어올리는 동작에서 다음에 이어질 옆차기를 고려하여 무릎의 높이를 낮게 할 필요가 있다.

　실전대련에서의 옆차기는 일반적으로 태권도에서 사용되는 골반을 완전히 틀어 마치 뒷차기를 하는듯한 옆차기를 해서는 곤란하다. 엉덩이가 약간 빠지는듯한 폼과 상체를 세운 동작이 오히려 빠른 모션을 만들어내고 정확도를 높이게된다. 뿐만아니라 상체를 너무 뒤로 눕히지 않았기 때문에 옆차기에 이은 주먹공격과 발차기의 컴비네이션이 가능해진다.

　앞차기에서 옆차기로의 변환적 공격은 사실 매우 힘든 기술에 속하지만 반드시 익혀두어야 할 기술이다. 이 기술의 장점은 의외성(意外性)이다.

-옆차기의 상단차기-

　일반적으로 옆차기는 실전대련에서 자주 사용하지 않는 기술이다. 그러므로 많은 파이터들이 옆차기에 대한 방어훈련이나 대비훈련은 하지 않게 된다. 왜냐하면 옆차기는 앞차기의 쾌도와 비슷하지만 동작이 크고 신장력(伸長力)이 부족하여 명중률과 파괴력이 떨어지는 단점이 있기 때문이다. 하지만 발차기의 특성이 발의 옆날부분인 족도의 부분으로 타격하기 때문에 목이나 늑골과 같은 급소를 마치 얇은 면도칼로 베는듯한 차기가 가능하여 충분한 힘으로 타격을 한다면 KO도 가능하다.

　앞차기의 동작에서 무릎을 구부린채 몸을 옆으로 틀어 옆차기의 자세에서 공격을 감행한다. 아래에서 상방향으로 45도 각도로 파고 들어오는 옆차기는 매우 위력적이다.

　무릎의 늘어나는 신장력과 허리의 힘으로 타격하는 것이 중요하다. 당신의 오른손과 왼팔은 충분히 밸런스를 잡는데 사용해야한다.

-연결동작-

I

대치상황

2

일보전진하며 중단
앞차기모션을 취한다.

3

앞차기의 모션에서 동작을 멈
추지 말고 그대로 옆차기의
자세로 변환한다.

4

상대가 중단앞차기공격에 대한 대비를 할 때 급격한 옆차기 자세로 킥을 준비한다. 이때 왼발의 디딤발을 회전시켜 골반을 충분히 틀어주어야 한다.

5

상대의 목이나 안면을 공격한다.

Part 4

제4장

대련(對鍊)의 본(本)과 실전기술

제4장 대련의 본과 실전기술

공권유술의 기술단위는 대부분 기본동작과 본(本)으로 구성되어있다.

공권유술의 품세는 4단 이상만이 수련할 수 있도록 프로그램되어 있으며 초보자는 실전에서 즉시 사용할 수 있는 기술을 본(本) 위주로 수련할 수 있도록 짜여져 있다.

이중에서도 공권유술에 입문한 초보수련생은 공권유술 대련의 본에 많은 관심을 가지고 있다. 이 대련의 본은 단 한 가지를 배워도 실전에서 즉시 사용할 수 있도록 구성되어 있어 자신의 실력향상을 수직으로 올려놓을 수 있기 때문이다. 특히, 대련의 본은 받아치기의 기능을 많이 내포하고 있다.

받아치기란 곧 역습을 뜻하며 누가 어느정도의 받아치기 실력을 가지고 있느냐에 따라서 그 사람의 실전대련의 능력을 평가받기도 한다.

만약 당신이 공권유술의 전문적인 공격기술을 익히고자 한다면 다음의 프로그램을 수련하도록 충고한다.

1. 수기 테크닉의 본 17가지
2. 수기족술의 본 15가지
3. 팔꿈치와 무릎차기의 본 12가지

위의 기술은 하나하나의 본(本)마다 모두 환상적인 컴비네이션으로 구성되어있으며 방어보다는 적극적인 선제공격을 우선으로 하는 기술로 짜여져 있다.

특히 수기족술의 본(本)인경우 주먹치기와 발차기를 3~7가지의 기술을 엮어서 하나의 컴비네이션으로 만들어 놓았다.

대련의 본과 기본 타격의 본은 서로 다른 성질을 가지고 있으나 일맥상통하는 부분이 많으며 서로 연관되어있어 어느 한 부분만을 집중적으로 수련하기보다는 모두 동일하게 수련하는 지혜가 필요하다.

대련의 본(本)은 모두 5가지의 단락으로 나뉘어진다.

1. 기본-5개
2. 초본-5개
3. 정본-5개
4. 진본-8개
5. 상본-10개

위의 5가지의 본은 대련에서 반드시 알아두어야 할 중요한 기술을 엮은 것이며 기술의 내용은 공권유술의 시합에 근거하고 있다.

지면상 위에 나열되어 있는 5가지의 대련의 본을 모두 수록할 수가 없어 몇 가지를 추려 소개하고자 한다.

1. 옆들어 메쳐 십자꺽기

−옆들어 메치기−

이 기술의 공식명칭은 옆들어 메치기이다. 상대를 정면이 아닌 옆구리쪽에 붙어서 그대로 들어올려 메치기 하기 때문에 붙여진 이름이다.

당신의 머리가 왼쪽으로 빠져있는 자세에서 메치기를 시도하는 것은 비교적 어려운 기술에 속한다. 그러므로 실전에서 사용하기 위해서는 많은 연습이 필요하다.

1. 기술을 쉽게 하기 위한 요령 중 하나가 두손의 잡기 자세이다. 오른손은 상대의 허리를 감싸잡고 자신의 몸쪽으로 당겨 상대와 당신이 완전히 밀착되도록 하는 기능을 한다.

왼손은 가랑이 사이로 통과하여 오른쪽 안쪽 허벅지를 감싸잡는다. 이것은 상대를 들어올리기 좋은 자세가 된다.

2. 상대를 들어올리는데 마치 당신의 머리 뒷쪽으로 넘기는 '백 드롭(Back Drop)'과 같은 기술을 구사하는 것처럼 생각하여 최고조의 정점까지 들어올린다.

3. 들어올리는 동시에 왼손은 상방향쪽으로 밀어올리고 오른손은 바닥쪽으로 내리며 메쳐야 한다. 쉽게 말하면 상대의 발은 하늘쪽으로 그리고 머리는 바닥쪽으로 향하게 만드는것이다.

많은 사람들이 옆들어 메치기를 단순히 손의 힘으로 들어올리려 노력하는데 이렇게 해서는 좋은 자세와 기술을 습득할 수 없다. 대부분의 메치기는 단순히 손의 힘이나 발의 힘으로 메치는 것이 아니다. 중심을 이동시키는 기울이기와 온몸을 이용한 힘의 분배가 매우 중요하며 상대와의 밀착도가 성공의 키포인트이다.

1

대치상황

2

상대의 발차기에 반응
하여 방어준비를 한다.

3

상대의 상단킥에 반응하여 삼각막
기를 실시한다. 이때 오른손을 보
조하여 동시에 가드(guard)할 수
있도록 견고하게 동작을 실시한다.

4

오른손으로 상대의 발을 캐치(Catch)
하여 다음기술로 연계한다.

5

상대의 다리가 옆으로
빠지게 한다.

6

상대의 발이 자신의 몸에 걸리지 않도록 몸을
뒤로 피하며 흘린다. 이때 상대의 발이 당신의
우측에 놓이게 된다.

7

왼손의 기능은 거리를 재는 기능과 상
대의 균형을 무너뜨리는 기능 그리고
상대의 공격으로부터 방어를 할 수
있도록 다양한 기능을 한다.
이후 재빨리 상대의 오금에 왼발
하단차기를 실시한다. 상대는 막대한
타격을 입게 될것이다.

8

발차기 이후 당신은 메치기를 실시하
여 완전 제압할 수 있다.

9

상대의 옆에서 허리를 껴안는다. 당신의 두 다리는 안정감 있도록 벌리고 균형을 잡는다. 요령은 다음과 같다.

1. 상대에게 바짝 접근하여 최대한 낮은 자세로 껴안는다.

2. 당신 두발의 위치는 마치 기마자세를 하는 것처럼 균형있게 만들어야 하며 상대의 오른발 사이에 당신의 두다리가 위치해야한다. 만약 이렇게 된다면 당신의 몸무게의 두 배 이상을 들어올릴 수 있는 것이 가능해 진다.

3. 오른손은 허리에 위치하게 하며 왼손은 가랑이 깊숙이 넣어 상대의 저항에 대비한다. 뿐만아니라 이러한 자세는 상대를 매우 높게 들어올릴 수 있는 방법이 된다.

보충설명

당신이 쉽게 이해할 수 있도록 반대편의 손모양과 자세의 모습을 담았다.

10

허리와 배를 이용하여 상대를 들어올리는 순간 왼손은 뒤로 밀고 오른손은 바닥으로 밀어야 한다.

11

상대를 메치는 최대의 정점
까지 올라가면 체중을 실어
바닥으로 내동댕이 칠수있다.

보충설명

때에 따라서는 그림과 같이 무릎보조하여
메치기를 할수있다. 당신의 무릎을 이용
하여 들어메치기를 할 때 더 높이 들어올
릴수가 있으며 상대가 저항하는 것을 방
어하기에도 수월하다.

12

메치기를 하고 난 이후의 모습이다. 메
치는 순간 당신의 왼손은 바닥을 짚거
나 완전히 메친 후까지 고개를 상대의
허리쪽에 완전히 밀착시켜야한다. 이것
은 자연스러운 누르기로 이어진다.

13

상체를 세워 재빨리 상대의 왼쪽팔 오금에 당신의 오른손을 휘감아 뺄 수 없도록 하고 누르기를 계속해서 유지한 채 무릎을 세워 살린다.

14

상대가 상체를 세워 탈출하는것을 방어하는 차원에서 왼손은 상대의 얼굴을 힘차게 눌러 제압한다.

15

외발십자꺾기를 할 수 있도록 두 무릎을 완전히 세우며 누르기로 제압한다.
이 기술에서 가장 중요한 테크닉은 상대를 옆으로 누운자세로 만들어야 한
다는 것이다. 즉, 상대의 등이 바닥에 완전히 밀착되도록 하는 것이 아니라
옆구리쪽이 바닥에 닿도록 하게 한다.
이렇게 하기 위해서는 왼손바닥으로 상대의 오른쪽 얼굴을 눌러 완전히 제
압한다. 이로써 상대는 몸을 움직이거나 일어나기가 곤란해졌다.
당신의 오른손은 상대의 오른팔을 감아 안아서 팔을 뺄수가 없도록 고정해
야 한다. 당신의 목적은 상대의 팔을 꺾는 것이므로 역시 상대의 팔을 제압
해야한다. 좀더 완벽한 십자꺾기를 하기 위해서는 당신의 오른발의 기능을
꼽을 수 있다.
모로 세워져있는 상대의 등 뒤쪽에 당신의 정강이를 단단히 밀착시켜 상대
가 반대로 몸을 돌려 눕는 것을 방지한다. 이러한 동작은 이후 좀더 타이트
하게 상대의 팔을 꺾을 수 있는 방법이 된다.

16

왼발을 상대의 얼굴에
걸어 제압한다.

17

최대한 상대의 등뒤에
붙어 바닥에 앉는다.

18

오른무릎을 세우고 누우며
외발 십자꺾기를 실시한다.
상대의 엄지손가락이 위쪽
으로 향하게 하고 팔이 펴
진 상태에서 아랫배를 들어
올려 항복을 받아낸다.

삼각막기– 트라이앵글 커버 (Triangle Cover)

삼각막기는 매우 견고한 막기 중 하나이다. 상대의 훅(hook)과 같은 오른손 돌려치기를 방어할 수 있으며 강력한 하이킥(high kick)에도 견디어 낼 수 있는 완전한 디펜스(defense)중 한가지이다.

삼각막기

손바닥을 펴서 뒷목을 감싸잡고 경추와 후두부를 보호한다. 팔의 모양을 삼각형을 만들어 팔뚝전체로 관자놀이의 급소를 가드(guard)하여야한다. 이때 당신의 팔꿈치가 전방을 향하게 만든다. 이렇게 함으로써 삼각형 구조의 튼튼한 방어시스템이 구축된다.

캐치 catch

당신의 오른손은 언제나 왼손과 함께 막기를 하여야 한다. 강력한 발차기를 삼각막기로 막았다 하더라도 그 충격이 관자놀이나 후두부까지 전달되어 큰 충격을 입을 수 있다. 오른손은 충격의 완화와 보조역할을 한다. 뿐만아니라 상대의 킥이나 펀치공격에 의한 캐치(catch)의 역할까지 훌륭히 소화해 낼수있다.

측면

그림에서 보는 바와 같이 돌려차기나 훅과 같은 공격에 방어하는 기능으로는 매우 훌륭하다. 빈공간이 없으며 막기 또한 매우 튼튼한 모양을 하고 있다. 당신의 두 다리는 릴랙스하게 구부러져 있으며 자세는 낮게하여 상대의 강력한 킥에도 견디어 낼수있다.

두손방어

손바닥을 편 채 두손으로 방어하는 방법도 있다. 어떤 것을 사용할 것인가는 본인의 신체적 특성에 따라 선택하여 연습할 수 있다.

2. 중단차기의 방족술

-무릎조이기-

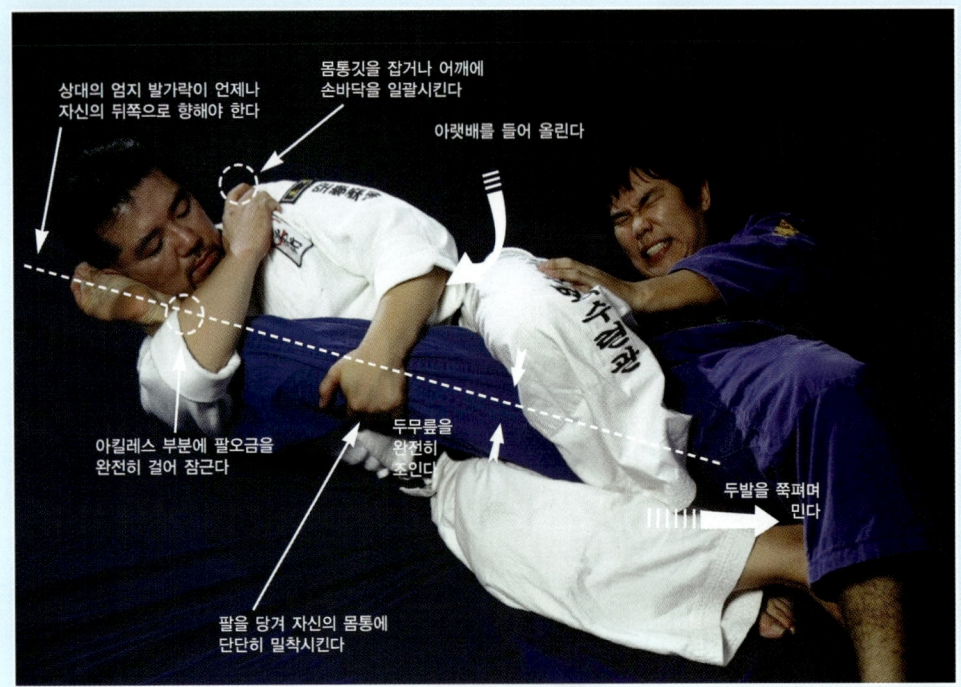

상대의 엄지 발가락이 언제나
자신의 뒤쪽으로 향해야 한다

몸통깃을 잡거나 어깨에
손바닥을 일괄시킨다

아랫배를 들어 올린다

아킬레스 부분에 팔오금을
완전히 걸어 잠근다

두무릎을
완전히
조인다

두발을 쭉펴며
민다

팔을 당겨 자신의 몸통에
단단히 밀착시킨다

상대의 다리를 가랑이 사이에 넣어 무릎을 과도하게 펴서 꺽는 기술이다.

무릎조이기는 발목조이기 '앵클락(Ankle Lock)'과 더불어 하체관절기의 대표적 기술이다. 가로누워 십자 꺽기와 비슷한 방법으로 기술을 넣는다. 상대의 발가락이 정확히 당신의 뒤쪽으로 향해야 기술이 걸리므로 상대가 발을 과도하게 움직이거나 발가락의 방향을 돌릴 수 없도록 하는 것이 더욱 중요하다.

특히 아랫배가 완전히 상대의 무릎밑에 고정되어야 하는데 이는 배를 들어올려 무릎을 과도하게 펴기 위함이다. 더 이상 무릎이 펴지지 않음에도 불구하고 계속해서 꺽게 되면 무릎관절이 파괴되는 이론이다.

많은 연습이 필요하지만 일단 기술이 숙련되면 매우 위험한 기술이 된다. 기술이 걸리게 되면 팔꿈치나 어깨관절보다 통증을 빨리 알아차릴 수가 없게 된다.

그러므로 늦게 항복을 선언하거나 기술이 걸렸음에도 불구하고 참는다면 중상으로 전개될 위험이 크다.

기술을 정확하게 걸수있는 포인트라면 당신의 몸과 상대의 다리가 완전히 밀착된 상태에서 기술을 구사하는 것이며 다리가 흔들리지 않도록 당신의 두발을 잘 얽어 고정시키는 것이 관건이라 하겠다.

대치상황

상대의 킥모션에 반응하
여 발차기의 방향으로
몸을 이동시킨다.

킥을 하는 순간 힘의 흐름을
완화시키며 발차기를 감싸
잡는다.

4

무릎의 안쪽 뼈는 급소가 자리잡고 있다. 경우에 따라서는 그곳을 공격해도 좋다. 요령은 오른손을 이용하여 무릎오금의 움푹 패인 곳에 손가락을 끼운 후 돌리면 자연스럽게 공격할 수 있는 각도를 만들수있다.

5

오른손으로 상대의 오른쪽 몸통 깃을 잡거나 어깨를 잡는다.

6

오른다리로 상대의 디딤발을 건다.

ㄱ 상대의 디딤발을 힘차게 후려 공중에 띄운다. 상대가 중단 차기로 공격해올 때 가장 보편적인 역습방법 중 하나이다.

언뜻보면 매우 어려운 기술이라고 생각할 수 있으나 요령만 숙지한다면 그다지 어려울 것 없이 실전대련에서 손쉽게 사용할 수 있다.

가장 기본적인 요령은 상대의 다리를 잡는다는 느낌을 살려야 한다.

일단 다리를 잡는다면 그 이후에도 펀치의 공격이나 다리를 걸어 넘기는 동작까지 매우 매끄럽게 전개할 수 있다.

더욱이 이 기술을 완전히 숙지함으로써 상대 파이터가 당신에게 갖는 부담감은 매우 크다. 어설픈 중단차기는 곧바로 패배로 이어질 수 밖에 없으므로 신중을 기할 수 밖에 없게 된다.

만약 당신이 상대의 발차기 타이밍을 이해하고 이 기술에 대해서 숙련된다면 상대의 발차기를 잡지 않고 곧바로 하단킥을 적중하여 바닥에 뉘이거나 상대의 오금에 커다란 충격을 줄 수 있다.

이 기술의 포인트는 상대의 중단차기공격을 어떻게 충격을 최소화 시키면서 역습할 수 있는가? 가 큰 관건이라 하겠다.

8

오른손은 상대를 바닥으로 힘차게 던지듯 하여 부상을 유발할 수도 있다.

9

잡고있는 손을 놓지말고 상체를 세워
다음동작을 준비한다.

10

오른발을 가랑이 사이로
통과하여 몸을 돌린다.

11

다리를 껴안으면서 제자리에 앉는다. 이렇
게 함으로써 상대의 허벅지와 당신의 가랑
이 사이의 공간을 완전히 없어지게 된다.

12 그대로 뒤로 누워 무릎조이기를 실시한다. 오른손으로 당신의 왼쪽 도복 몸통깃을 잡는다. 이때 당신의 팔오금에 상대의 발목 끝을 끼운다면 매우 효과적이다. 왼손은 상대의 무릎오금을 껴안아 당신의 아랫배와 단단히 밀착시킨다. 이후 아랫배를 들어올려 무릎조이기를 실시한다. 상대의 무릎이 탈골되거나 골절되는 원리는 역시 과도하게 무릎관절이 펴져서 역으로 꺽이기 때문이다. 매우 위험한 기술 중 하나이다.

13 당신의 기술이 완벽하지 못하거나 상대가 방어기술이 뛰어나다면 기술이 제대로 걸리지 않을수있게 된다. 당신의 기술이 언제나 100%성공할 수 있다고는 장담할 수 없으므로 그와 연계되는 후속기술도 알아둘 필요가 있는 것이다. 무릎조이기와 가장 궁합이 잘맞는 것은 발얽어 비틀기이며 이것을 컴비네이션으로 연계하여 사용할 수있다.

3. 밭다리 후려 팔얽어 목당겨먹기

-밭다리 후리기-

머리를 숙이면서
상대중심을 무너뜨린다

팔을 걸어 몸을 비튼다

상대 팔이 빠지지 않도록 고정한다

상대의 오금과 나의 오금을 건다

힘차게 차올린다

공권유술 시합에서 많이 나오는 기술 포인트 중 하나이다. 일반적으로 밭다리걸기와 후리기는 다른 기술임에도 불구하고 똑같다고 착각하는 사람들이 많다. 후리기는 거는 다리를 뒤로 힘차게 올려 상대가 공중에 두발이 뜨면서 메쳐지는 것이고 걸기는 다리를 건 후 몸으로 밀어 바닥에 그대로 넘어뜨리는 기술이다.

지금 소개하고자 하는 기술은 밭다리 후리기가 되겠다. 많은 사람들이 밭다리 후리기를 매우 간단한 기술이라고 생각하겠지만 결코 만만한 기술이 아니다. 매우 오랜시간동안 숙련과 노력이 필요하다.

이 기술 중에서 가장 중요한 포인트는 상대를 기울이기를 구사하여 정확히 기울일 수 있느냐에 달려있다. 타격기 후의 잡기와 그 이후에 일어나는 기울이기를 집중적으로 연습하는 것이 효과적이다.

일반적으로 다리를 걸어 상대를 뒤로 넘긴다고 생각하는데 이것은 전혀 잘못된 생각이다. 당신의 왼발은 10시에서 11시방향으로 위치해야 하며 상대를 대각선 방향으로 기울려 메치기를 해야 한다. 뿐만 아니라 반드시 한쪽 발 만으로 걸어서 메쳐야 한다. 상대의 두발을 모두 공중에 띄우기 위하여 두발을 걸어 메치려고 하는데 이것 또한 잘못된 동작이며 사실상 메치기가 어려워진다.

1

대치상황

2

이 기술의 관건은 얼마나 기습적으로 번개처럼 기술을 구사하느냐에 있다. 왼발이 전진하며 오른손으로 상대의 팔오금을 건다. 완벽한 타이밍을 포착한다.

3

좀더 안정된 자세를 원한다면 왼손으로 보조하여 상대의 팔꿈치를 당기며 잡는 것이 좋다. 이렇게 함으로써 상대의 오른손은 완전히 고립되게 된다.

4

몸을 좌측으로 기울이며 중심을 무너뜨린다. 이렇게 동작으로 인하여 상대의 체중은 기울이는 방향으로 옮겨지게 된다. 그로인하여 받다리 후리기를 할때 더욱 큰 동작으로 메치기가 가능해진다. 상대의 팔오금에 당신의 팔을 걸지 않는다면 상대는 넘어가지 않으므로 많은 연습이 필요하다.

5

받다리를 거는 것이 아니다. 상대가 바닥에 완전히 메쳐 질 때까지 발을 뒤로 힘차게 차올리며 후려야 한다.

중심을 낮게하여 메친 후라도 균형을 잃지 않도록 주의한다.

7

상대가 완전히 메쳐지더라도 잡고
있는 팔을 놓지 않는다.

8

손을 바꾸어 잡는다.

9

정권지르기를 쳐 넣는다.

10

왼팔을 당기며 자세를 낮추어 누르기 동작을 한다. 이때 당신 오른손의 위치가 매우 중요하다.

11

이후 곁누르기로 제압한다. 이때 왼손으로 상대의 오른쪽 손목을 잡는다.

12

상대의 팔을 내린다.

13

발을 들어올려 발의 오금에
팔뚝 전체를 건다.

14

발을 완전히 잠근 다음 상대의 몸을
잡아당겨 어깨탈골을 유도한다.
상대의 팔은 마치 갈매기의 날개처럼
구부러져 있어야 한다. 일단 발을 걸
어 팔을 제압하면 상대는 팔을 빼내
어 탈출하는것이 불가능해진다. 손가
락의 깍지를 끼워잡거나 손바닥 전체
로 잡는 그립보다는 손가락끼리 얽는
손가락 그립이 튼튼하고 안정적이다.

15

처음 팔얽어 비틀기를 시도할 때 상대가
팔에 힘을 주어 구부려지지 않고 펴진다
면 팔펴눌러꺽기를 시도할 수 있다.

16

오른발은 올리고 왼발을 내린다면 팔꿈치가 과다하게 펴져 기술을 성립된다.

17

팔펴 눌러꺽기와 궁합이 맞는 컴비네이션은 팔뚝조르기이다. 팔뚝 전체로 기도나 경동맥을 눌러조인다.

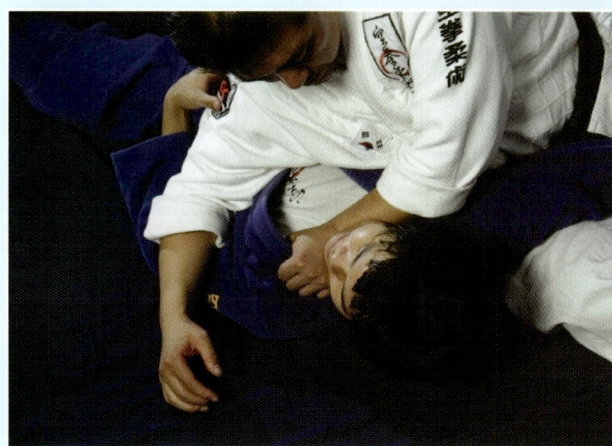

18

강력한 조르기를 하기 위해서는 몸을 돌려 체중으로 누르는 요령이 필요하다.

팔얽어 목당겨 꺽기에 대해서....

팔을 얽어꺽는 동작은 와술기법에서만 사용되는 기술이 아니라 유파를 가지지 않고 사용되는 모든 입식(入式)무술의 호신술이나 관절기에서도 자주 나오는 기술 중 하나이다. 그러나 와술에서 사용되는 팔얽어 비틀기는 바닥이라는 제한적 공간으로 인하여 꺽기에 매우 제한적일 수 밖에 없다. 그러므로 공간의 확보가 가장 중요한 문제로 대두된다.

① 상대의 팔이 완전히 Ⅴ자가 되도록 구부린다. 그렇게 해야만 어깨에 심한 압박을 받게 되며 상대가 팔을 빼지 못하게 된다.
② 당신 오른발의 오금에 상대의 손목을 깊숙이 끼워서 완전히 제압해야한다.
③ 당신의 오른발등을 왼발의 오금에 끼우고 바닥에 완전히 밀착시킨다.
④ 핑거 그립(Finger grip)을 사용하여 상대의 뒷목을 잡아당겨 팔꿈치와 어깨를 탈골시킨다.

팔얽어 목당겨꺽기에서 뒷목을 잡아당기는 이유?

팔을 얽어 비틀기를 실시할 때 기술이 완벽히 걸렸다고 하더라도 상대의 팔은 바닥이라는 제한적 공간으로 더 이상 팔을 밑으로 내릴 수 없게 된다. 팔이 밑으로 내려갈 수 없다는 것은 더 이상 어깨나 팔꿈치에 압박을 줄 수 없으며 관절을 꺽을수가 없다는 것을 의미한다. 여기서 상대의 머리를 잡아당기는 것은 팔꿈치와 어깨의 각도를 더욱 밑으로 내리는 효과를 얻을 수 있기 때문이다.

즉, 팔을 밑으로 내리는 대신 상대의 머리를 잡아당겨 꺽는 각도를 극대화 한다.

4. 발얽어 발목조이기

-발얽어 발목조이기-

발쪽 전체를 오금에 끼워
완전히 고정한다

상대의 발목을 감아 잡는다

아주 재미있는 기술이다. 하지만 맨마지막 과정인 발목을 조여 제압하는 기술보다 그 기술이 들어가기 전까지의 과정이 매우 어렵고 중요하다.

꺾고자 하는 왼쪽발목을 왼팔로 감싸잡는다. 당신의 안쪽손목날이 정확히 아킬레스쪽에 위치해야 효과적이다. 다른 한손으로는 손등을 감싸잡아 보조한다.

두발은 상대의 한쪽발을 완전히 휘감아 고정시킨다. 왼발을 오른쪽 무릎오금에 끼워 상대가 탈출할 수 없도록 만든다.

상대가 서있는 상태에서는 어떠한 경우라도 발목조이기는 성립하지 않는다. 그러므로 상대를 바닥에 반드시 뉘여야 한다. 얽어진 오른발을 아래로 내리면서 배를 들어올리면 상대의 왼쪽 무릎은 완전히 펴지게 되고 뒤로 밀리는 힘에 의하여 엉덩방아를 찧게 된다. 잡혀 있는 발로 인하여 상대가 뒤로 물러서지 못하기 때문이며 일단 무릎이 펴지면 구부리기가 힘들어져 중심을 앞으로 이동시키기 어렵기 때문이다.

가랑이 사이로 발을 통과시켜 발을 얽는 동작이 복잡해 보이나 생각보다 간단한 동작이므로 조금만 연습하면 누구나 자연스러운 동작을 연출해 낼 수 있다.

대치상황

2

손을 뻗어 상대의 목을 잡을
수 있는 찬스를 만들 수 있도
록 접근전을 펼친다.

3

완전히 상대의 뒷목을
잡아 무릎차기를 할수
있도록 만든다.

 강력한 무릎차기를 실시할 수 있다. 당신 두 손의 역할이 매우 중요하다. 상대의 뒷머리를 단단히 감싸잡고 팔꿈치를 안으로 오므려 조이듯이 한다. 이렇게 해야만 상대가 몸을 움직이거나 고개를 들어 방어하기 어려워진다.

당신 두손의 위치는 언제나 상대의 뒤통수 상단부분에 위치해야 하며 두손을 당기거나 좌우로 흔들 수 있는 상황에서 무릎차기를 해야한다.

상대의 팔꿈치를 들어올리며 당신의 머리를 밑으로 통과 시킬 공간을 확보한다. 또한 이 동작으로 상대의 균형은 불안정하게 된다.

머리를 완전히 통과시켜 상대의 옆구리에 완전히 밀착시킨다. 상대의 킥과 주먹에 당신의 안면을 보호할 수 있다. 이 때 자세를 낮게 하고 허리를 곧추세워야 한다.

7

머리를 우측으로 밀면서 상대가 당신
의 목을 팔로 휘감아 '길로틴조르기
(Guillotine choke)'를 하지 못하도록
방어하며 몸을 더욱 밀착시킨다.

8

매우 중요한 동작이다. 이후 당신의 머리를 상
대의 등쪽으로 밀면서 뒤쪽으로 돌아간다. 당신
의 발놀림은 매우 리드미컬하게 움직여야 하며
원스텝으로 동작을 끝마쳐야 한다. 뒤로 돌때는
상대와 완전한 밀착이 되어야 한다. 마치 뱀이
휘감듯이 미끌어지면서 동작을 만들어낸다.

9

완전히 돌아서 상대를 제압한 모습이다. 상대는 무방
비 상태가 되었다. 킥이나 펀치를 전혀 사용할 수 없
으며 당신을 메칠수도 없다. 또한 상대의 균형감각은
매우 어렵게 유지되고 있다. 당신의 얼굴은 반드시 상
대의 왼쪽 옆구리쪽으로 이동되어 완전한 밀착이 이
루어져야 한다. 손목 그립을 사용하여 허리를 단단히
조여 잡는다. 여기서 상대의 발목을 꺽고자 할때는 반
드시 상대의 왼발에 기술을 걸어야 한다. 당신의 얼굴
이 상대편의 왼쪽 옆구리에 위치하고 있기 때문이다.
기술을 구사하는 순간 당신의 왼발이 상대의 가랑이
사이쪽에 위치하게 한다. 언밸런스 같지만 이렇게 하
는 것이 좀더 완벽하고 빠른 동작을 만들어낸다.

10

자세를 낮추며 왼발을 상대의 가랑이
사이에 집어넣는다.

11

미끄러지듯이 왼팔로 왼쪽 발목을 감
싸잡는다. 여기서는 몸을 돌리는 동
작이 포인트이다. 당신 얼굴의 위치
가 매우 중요하다. 상대의 눈을 마주
볼 수 있는 각도면 무난하다.

12

오른발의 오금을 왼쪽 발목에 걸어
밀며 넘긴다. 기술은 매우 신속하게
기습적으로 이루어져야 한다.

13 상대가 넘어지는 순간 자리에서 일어나 앉는다. 이것은 좀더 잡기를 수월하기 위함이며 상대와 당신의 몸이 더욱 밀착되어 완벽한 기술을 할 수 있도록 하기 위함이다.

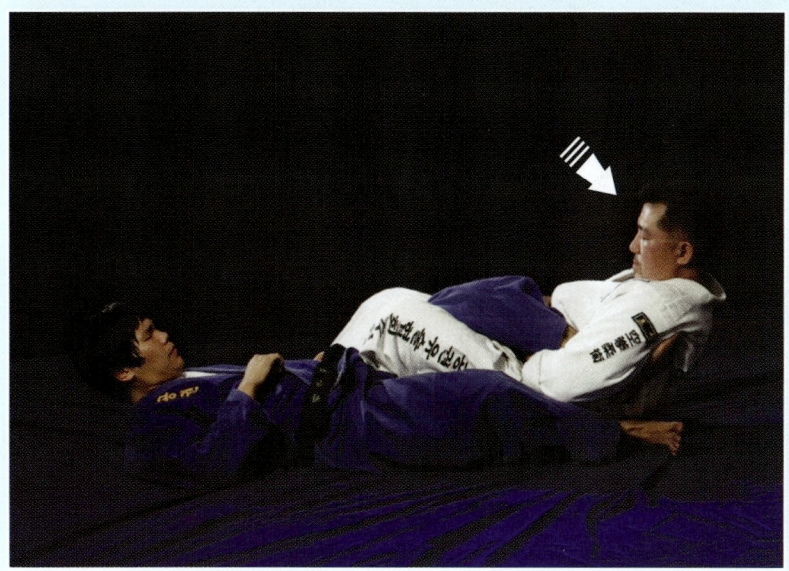

14 발목조이기를 실시하여 항복을 받아낸다. 당신의 왼손을 지렛대 역할로 활용한다. 몸을 뒤로 젖히며 팔뚝을 들어올린다면 상대의 발목은 뒤로 젖혀지면서 아킬레스와 함께 심한 부상을 입게 된다.

키 포인트

발목조이기는 특별한 요령이 필요하다. 당신이 상대에게 기술을 걸었음에도 불구하고 성공하지 못한다면 다음 2가지의 동작을 지키지 않아서 일것이다.

그림a

① 우선 상대의 발목 아킬레스 부분에서 종아리로 올라가는 10cm의 범위 안에 당신의 팔뚝이 들어가야 한다.
② 손목 바로 윗부분의 팔뚝으로 압박을 주어야 하는데 손목을 돌리거나 해서 조정할 수 있다. 다시한번 말하지만 팔뚝의 옆면이 아니라 날로 압박해야 한다.

그림b

① 상대의 발등이 당신의 뒤쪽 겨드랑이 부분에 완전히 밀착되어야 한다.
② 상대의 발을 비틀어 빠져나가지 못하도록 겨드랑이를 완전히 조여 발의 움직임을 봉쇄한다.

그림c

① 상대가 얽어진 발을 풀지 못하도록 몸을 우측으로 기울인다. 또한 몸을 우측으로 기울이면 아랫배를 들어올려 더욱 완벽한 각도로 발목을 꺾을수 있게 된다.
② 팔로만 꺾으려고 하는 오류를 범하기 쉬운데 대부분 허리를 이용한 몸 전체의 힘으로 지렛대의 원리로 젖혀 꺾는다.
③ 왼쪽 발목을 오른쪽 무릎 오금에 끼워 조이고 완전히 잠근다. 또한 상대의 무릎과 당신의 무릎이 완만히 구부러져 있다면 더욱 강한 조이기가 성립된다.

5. 팔감아 십자꺽기

–팔감아 십자꺽기–

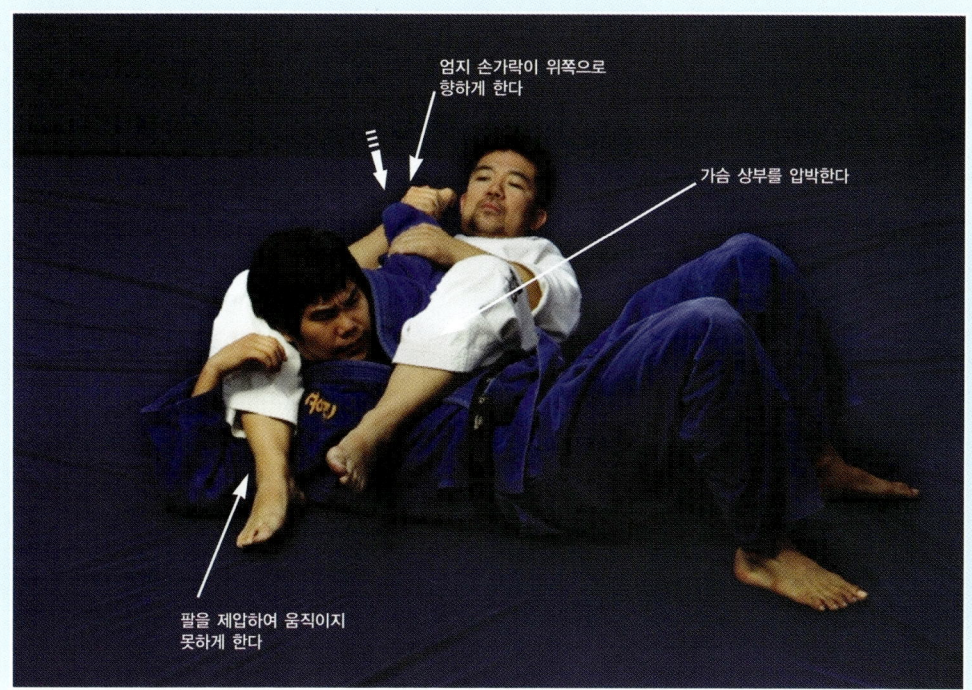

엄지 손가락이 위쪽으로
향하게 한다

가슴 상부를 압박한다

팔을 제압하여 움직이지
못하게 한다

거북이 상태 즉 웅크리고 있는 상대를 뒤집어서 십자꺽기로 이어지는 공격이다.

가로누워 십자꺽기의 응용으로서 완벽한 형태의 십자꺽기가 아니기 때문에 재빠른 공격으로 빠른 시간 안에 제압해야 한다.

기본적인 원리는 상대의 머리밑으로 오른발을 넣어 오른팔을 발로 제압하므로써 상대의 손을 움직이지 못하도록 하는 것이다.

두 번째는 왼발로 가슴쪽을 압박하여 쉽게 일어설 수 없게 하는 것이 되겠다.

당신에게 왼팔을 빼앗긴 상대는 쉽게 일어나거나 움직일 수 없게된다.

이러한 상태에서 하복부를 계속해서 위쪽 방향으로 들어올리며 상대의 팔꿈치가 완전히 펴지게 되면서 꺽기가 성립되는 이치다.

십자꺽기는 수십수백 종류의 기술이 존재한다. 모두 같은 원리로 기술이 성립되지만 기술을 거는 위치나 각도 방법에 의해서 서로 다른 십자꺽기가 만들어지는 것이다.

1

대치상황

2

상대의 왼발 하이킥이
시작되었다. 이를 경계
하여 방어태세에 돌입
한다.

3

뒤로 약간 물러서며 허리를 젖
혀 발차기를 피한다. 헛발질을
한 상대는 매우 불안한 자세를
띄게된다. 이때가 상대를 공격
할 좋은 찬스가 된다.

낮은 자세를 유지하며 다리잡아 넘기기를 실시한다. 오른손은 상대의 오른쪽 허벅지나 허리에 위치하며 접근한다.

왼손은 상대의 발목을 잡는다.

두손은 잡아당기는 것이 중요하다. 머리와 어깨를 사용하여 앞으로 돌진하면서 넘어뜨린다.

7

상대가 바닥에 넘어질 때까지 앞으로의 돌진을 멈추어서는 안된다. 상대를 바닥에 완전히 엎드리게 하는것이다.

8

앞으로 넘어진 상대가 방어하기 시작하면 오른발로 상대의 오른팔을 감으며 왼손으로는 왼팔 전체를 감싸잡는다.

9

왼발을 상대의 등너머로 한발 내딛는다. 앞으로 돌기 시작할 때 당신의 왼발은 상대의 복부 깊숙히 파고 들어가야 한다.

10

앞으로 돌면서 회전한다.
왼손을 제압당한 상대는
앞으로 굴려지게 된다.
이때 오른발을 보조하여
함께 돌린다.

11

한바퀴 완전히 돌고나면
상대의 배는 하늘쪽으로
향하게 된다. 마치 거북이
가 뒤집어진 모양이다.

12

십자꺾기로 완전히
제압할 수 있다.

6. 공중십자꺾기

-입식십자꺾기-

두발을 올리며 밑으로 내린다

겨드랑이 밑에 고정한다

몸에 완전히 밀착시키고 엄지 손가락이 위쪽을 향하게 한다

목에 종아리를 건다

발을 휘어 감아 들어 올린다

배를 들어 올린다

머리를 들어 올린다

공중에서 십자꺾기가 만들어지고 그 동작이 자연스럽게 바닥으로 이어진다.

상대가 강력한 힘을 소유한 사람이라면 공중에서 바닥으로 연계되는 동작에서 넘어지지 않고 버티는 경우가 생기게 될 수 있다.

2차적인 기술로써 컴비네이션으로 사용하기 적합하다.

적은 힘으로도 강한 상대를 제압할 수 있는 기술로써 입식기술의 대명사로 불리운다.

언뜻 생각하면 상대가 당신을 번쩍 들어올려 바닥에 내동댕이 칠 수 있다고 생각할 수 있겠지만 매우 어려운 일이다. 일단 상대의 관절이 완전히 펴지면 그것을 구부릴 수가 없기 때문이다. 한번 구부러진 관절을 펴거나 또는 펴져있는 관절을 구부린다는 것은 불가능에 가깝다.

만약 상대가 팔이 펴진 상태에서 들어 올린다면 상대의 펴진 팔은 당신의 몸무게로 인하여 더욱 늘어지게 된다. 이것은 더욱 팔이 과도하게 펴지게 된다는 것을 의미한다.

즉 아주 우습게 골절이나 탈골이 이어지게 된다.

위의 사진에서 일단 상대의 오른손이 당신의 가랑이 사이에서 제압당했으므로 힘차게 잡아당기며 아랫배를 들어 올려 관절기를 계속해서 구사할 수 있다. 당신의 오른손은 상대의 왼다리를 휘감아 움직임을 봉쇄한다.

그렇다면 상대는 서있는 상태에서 십자꺾기를 당하게 된다. 당신이 풀어주기 전에는 스스로는 앉거나 넘어질 수 없게 된다.

만약 상대를 뉘이고 싶다면 잡고 있는 다리를 위로 올리며 두 다리를 밑으로 내린다면 바닥으로 넘어지게 된다.

팔을 꺽는 각도가 정확하지 않을 때나 당신의 기술이 통용되지 않을 때 바닥으로 쓰러뜨리게 되며 좀 더 안정적인 기술을 걸고 싶을 때 사용된다.

대치상황

2

상대가 무릎공격을 하고자 뒷목을 끌어당기려는 행동을 한다. 완전히 뒷목을 잡히면 매우 위험해질 수 있으므로 조심해야한다.

3

왼손은 소매를 잡고 오른손은 상대의 몸통깃을 깊숙이 잡아 무릎차기를 견제한다. 이 자세는 오히려 당신이 상대의 복부에 무릎차기를 하기 좋은 자세가 된다.

4

왼발을 좌측으로 일보전진한다.

5

오른발의 안쪽 정강이 전체를 상대의 가슴에 완전히 밀착시키며 공중으로 뛰어오르기 시작한다.

다리를 하늘방향으로 차올리며 공중
에서 몸을 오른쪽으로 기울이기 시작
한다.

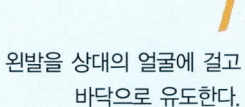

왼발을 상대의 얼굴에 걸고
바닥으로 유도한다.

아랫배를 들어올리며 두발을 내리면
완벽한 공중십자꺽기가 성립된다.

9

두다리를 내리며 바닥으로
유도하며 넘어뜨리면 와식
십자꺾기를 할 수 있다.

10

상대를 넘어뜨리는 동시에 당신은 상대쪽으
로 바짝 다가서며 제자리에 앉는다.

11

다리와 팔을 함께 안아잡으며
관절기를 구사한다.

7. 발차기 잡아 업어치기

-비틀어 뒤집기-

들어 올린다

손등이 앞을 향하게 잡는다

배를 들어 올린다

발차기 잡아 업어치기는 사실상 매우 어려운 기술로 분류된다.

비교적 간단한 기술로 매우 효과적인 기술을 사용할 수 있지만 정확한 잡기가 필요하고 비교적 많은 연습을 동반해야 하기 때문이다.

연습을 할때 낙법을 받아주는 상대는 낙법을 치기가 매우 어렵게 된다. 발이 잡혀 있는 상태가 낙법을 칠 때 몸의 밸런스가 무너지기 때문이다.

그럼에도 불구하고 이러한 기술을 연마하는 이유는 그 기술의 효과가 매우 높기 때문이다. 하지만 이 기술을 숙달시키게 되면 발차기잡아 업어치기는 일반 업어치기와 달리 엄청나게 큰 각도로 상대를 메칠 수 있다. 마치 하늘로 집어던진다는 표현이 맞을 것이다. 높은 곳에서 밸런스를 잡기 어려운 각도로 메쳐지기 때문에 상대에게 큰 부상을 줄 수도 있다.

상대를 메치고 난 이후의 동작도 중요하다. 그중에서도 비틀어 뒤집는 동작이 가장 어려운 부분이다.

우선 휘감은 상대의 발목과 발 전체가 흔들리거나 돌아가지 않도록 겨드랑이를 꽉 조여 고정시켜야 한다. 특히 상대의 아킬레스 위쪽에 있는 종아리 아랫부분의 근육을 압박하여 굉장한 고통을 만들어 내는 것이 중요하다. 그러기위해선 왼손에 강력한 힘을 유지할 수 있도록 몸통깃을 잡아 손이 상대의 무게를 이겨낼 수 있도록 해야 한다.

오른손은 무릎쪽에 밀착시켜 흔들리는 무릎을 제어할 수 있다. 만약 이 상태에서 아랫배를 들어올린다면 상대는 발목에 강한 압박을 받게 된다. 역시 아킬레스 부분에 극심한 고통을 수반하게 된다. 이렇게 함으로써 상대는 반사적으로 고통을 줄이기 위하여 몸을 들어올리게 된다. 일단 엉덩이가 들리고 발이 높이 들리게 되면 고통의 줄어듦과 상관없이 힘을 쓸 수 없게 된다.

상대는 오직 목쪽의 경추 부분으로 균형과 몸무게를 지탱하게 되는 것이다.

몸부림을 칠수록 발목은 더욱 강하게 죄어오게 된다.

이 상태에서 계속해서 몸과 손목을 돌리게 되면 상대는 배를 바닥에 깔고 누운 형태가 되는 것이다. 이후에 발목조이기나 허리꺾기의 형태를 만들어 낼 수 있다.

1

대치상황

2

상대가 하이킥으로 공격해 온다. 왼손으로 단단히 방어하며 오른발을 일보전진한다. 이때 당신의 오른손은 상대의 오금 밑으로 들어가 완전히 잡을 수 있는 자세를 만든다.

3

왼손과 오른손으로 발차기를 감싸잡
으며 업어치기 자세를 낮게 잡는다.

4

더욱 자세를 낮추어 상대를
완전히 당신의 등위로 올라
타게 하여 업는다.

5

두팔을 잡아당기며 엉덩이를
튕겨올려 탄력으로 메친다.

6

상대가 완전히 메쳐져도 잡은 다리를 놓치지 않는다. 될 수 있으면 메치는 순간 상대가 당신과 멀리 떨어지지 않고 당신과 근접한 지점에 위치할 수 있도록 신경을 쓴다.

7

메쳐진 상대의 발목을 왼손으로 감싸잡는다. 특히 힘을 강하게 받기 위해서는 몸통깃을 잡는 요령이 필요하다. 아킬레스위 그리고 종아리의 아랫부분에 팔뚝이 위치할 수 있도록 해야한다.

8

오른손은 정강이에 위치하여 밑으로 내리고 무릎과 허리를 이용하여 발목을 들어올리면 아킬레스에 극심한 고통을 동반하며 따라 올라온다.

9

몸을 돌려 뒤집기로 유도한다.

10

완전히 뒤집어지게 하기 위해서는
조이는 왼손을 계속해서 압박 해
주어야 한다. 극심한 고통에 상대
는 당신이 유도하는 대로 따라 움
직이게 되는 것이다.

11

상대방 등쪽의 윗부분에 앉아 힘차게 잡아당기
면 아킬레스의 부상과 발목의 탈골로 이어질수
있다. 만약 허리 꺽기를 유도하고 싶다면 오른
손으로 상대의 무릎쪽을 잡아 당기면 허리관절
기로 이어질수있다.

8. 공중돌아 십자꺾기

-태클의 방어-

손바닥 전체로 목을
눌러 제압한다

엉덩이를 뒤로
빼서 균형을
잡는다

겨드랑이를 파서 앞으로
올 수 없도록 한다

뒷다리를 뒤로
물러선다

태클(Tackle)은 레슬링에서 사용되는 기술의 한 가지로써 양팔로 상대편의 아랫도리나 허리를 잡아 밀어서 넘기는 기술을 말한다. 보편적으로 격투기에서는 한쪽다리 태클, 두다리 태클 그리고 허리 태클 등이 있다.

레슬링 이외에도 럭비나 미식축구등에서도 태클을 사용하여 넘어뜨리는 방법이 있으나 격투기에서 사용되는 태클과는 다르게 사용된다.

태클을 방어하기 가장 좋은 방법은 완전히 태클이 걸리기 전 단계에 방어를 하는것이다. 허리를 낮추고 다리를 뒤로 보내어 다리나 허리를 잡는 것을 방어하게 된다.

특히 기술을 걸어오는 순간 상대의 뒷목을 손바닥으로 눌러 제압하면 앞으로 돌진하는 힘이 분산되고 허리를 똑바로 펴지 못하기 때문에 자세가 무너지게 된다.

태클의 경우 상대를 넘어뜨리는 기술 중 비교적 익히기 쉬운 기술 중의 하나이며 빠른 습득을 할 수 있으나 기술이 실패할 경우 상대에게 반격당할 위험이 크다는 단점도 있다. 공중돌아 십자꺾기는 상대의 중관절을 십자꺾기 형태로 만들어 제압하는 것이다. 말그대로 공중에서 몸을 날려 회전시키며 십자꺾기를 하게 되므로

그 전단계가 매우 중요하다. 그것은 상대의 태클을 방어하는 순간에 역습으로 기술을 거는것이다. 그러므로 십자꺾기의 특성상 상대의 팔을 휘감아 잡고 뒷덜미를 눌러 상대가 움직이지 못하게 해야 한다.

기술이 성공될 때를 보면 매우 화려하고 멋진 모습을 연출할 수 있지만 동작이 크고 복잡하므로 많은 훈련을 해야한다.

1

대치상황

2

상대가 태클을 시도하기
위해 낮은 자세로 공격해
온다.

3

허리잡아 넘기기를 하기 위해서
허리를 잡아 넘기려고 한다. 당
신은 순간적인 힘으로 완강히
버틴다.

4

왼손으로는 상대의 겨드랑이를 파면서 완전히 허리를 감싸지 못하게 한다. 이렇게 함으로써 상대와 당신간의 간격이 멀어지기 시작한다.

5

상대는 더욱 거센 기세로 껴안으려 할 것이다. 이때 오른손으로 뒷머리를 찍어누른다. 중심이동이 어려워져 상대는 힘을 쓰기 힘들게 된다.

6

뛰어오르면서 오른발을 등너머로 이동시킨다. 당신의 왼발은 상대의 얼굴에 걸려있어야 한다. 과감한 공격이 필요하므로 정확한 동작이 필요하다. 그림에서 보듯이 당신은 공중에 떠 있는 상태가 되고 상대의 팔은 당신의 가랑이에 위치해 있다. 앞으로 넘어지는 순간 재빨리 고개를 숙여 앞으로 구르는 자세를 만들어야 한다.

7

앞으로 한바퀴 구르면서 상대의 팔을
제압한다.

8

앞으로 구르는 힘이 워낙 강하기
때문에 상대는 버티지 못하고 함께
따라 돌게된다.

9

360도를 회전할 때까지 제압한 팔
을 놓아 주어서는 안된다. 이 기술
은 동작이 완전히 끝나는 시점이
되어야 기술이 성립하기 때문이다.

10

완전한 회전이 끝나면
당신은 제자리에 앉는다.
순간 엉덩이를 당겨 앉
으면서 상대에게 더욱
밀착하여 잡은 팔을 바
짝 조인다.

뒤로 누우면서 십자
꺽기가 성립된다.

제자후기

오랜만에 책 한권을 마쳤습니다.

처음 책을 쓰기 시작할 때 무엇인가 기존 무술교본에는 없는 내용을 써야겠다는 생각을 했습니다.

또한 일선 도장에서 가장 필요하고 중요한 기술이 무엇인지를 생각했습니다.

그래서 누구나 알고 있지만 가장 필요하고 중요한 기술을 이 책에 담았습니다.

오래전 무술을 시작하고 검은띠를 처음 맨 시절 사범님의 주선으로 대련을 한 적이 있었습니다. 상대는 체구도 외소하고 나이도 어렸지만 몸이 날쌘 친구였습니다.

발차기도 별로 시원치 않고 그렇다고 멋진 폼을 가진 것도 아닌데 그의 발차기를 막기가 여간 힘든 것이 아니었죠. 그의 동작은 대부분 상대를 속이는 기술이었고 나는 그것에 매우 당혹했던 기억을 합니다.

당시에 난 페인팅 발차기나 페인팅 펀치에 대해서 이론적으로 확립이 되지 않았을 때였습니다. 그 후, 난 이 기술이 실전대련에서 매우 중요한 요소를 차지하고 있으며 무술을 하는 사람이라면 누구나 반드시 알아야 될 기술이라고 생각했습니다.

내가 예전에 그러한 생각을 하고 있었다면 당시 나 정도의 수준에 달하는 지금의 수련생들도 나와 같은 생각을 하고 있는 사람들이 많을 것이라 생각했습니다.

이 책에 많은 페인팅 기술을 수록하진 않았지만 필자의 경험을 살려 가장 필요한 기술만을 엄선하여 수록했습니다.

위의 사진 속의 인물들은 이 책을 만든데 있어 도움을 주신 분들입니다.

좌측부터 전찬준 사범, 이승호 연사, 강준 관장, 채승협 사범, 이석재 사진작가입니다.

감사드립니다.

"실전 격투기에 필요한
속임수의 전략"

2008년 1월 25일 초판 1쇄 인쇄
2008년 2월 05일 초판 1쇄 발행

지은이 · 강 준
펴낸이 · 김중영
펴낸곳 · 오성출판사
주소 · 서울시 영등포구 영등포 6가 147-7
전화 · 02)2635-5667~8
팩스 · 02)835-5550

출판등록 · 1973년 3월 2일 제 13-27호
ISBN 978-89-7336-760-3

값 15,000원
※ 파본은 교환해 드립니다.
※ 독창적인 내용의 무단 전재, 복제를
　 절대 금합니다.